RAPPORT

SUR

LES OBJETS DE PARURE, DE FANTAISIE ET DE GOÛT,

FAIT À LA COMMISSION FRANÇAISE

DU JURY INTERNATIONAL

DE L'EXPOSITION UNIVERSELLE DE LONDRES,

PAR M. NATALIS RONDOT,

MEMBRE DU JURY CENTRAL DE FRANCE.

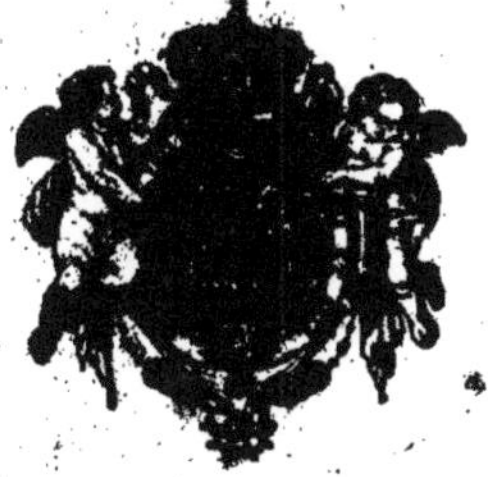

PARIS

IMPRIMERIE IMPÉRIALE

M DCCC LIV

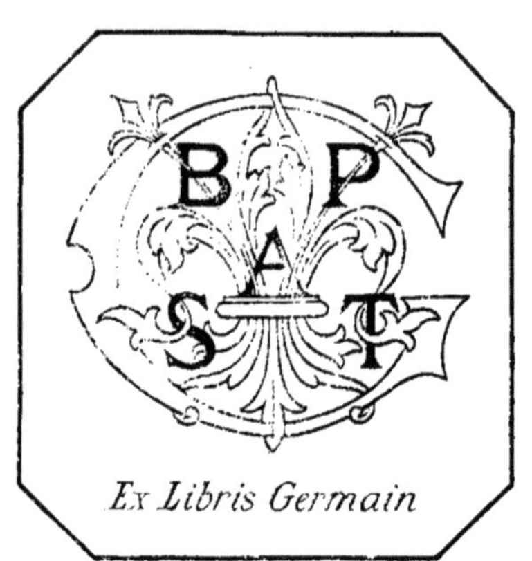

Ex Libris Germain

À Monsieur Germain Bapst,

Hommage de l'auteur,

C. Natalis Rondot.

Cher monsieur,

Voici un renseignement qui peut avoir de l'intérêt pour vous :

« Ung esmouchouer ront qui se ploye en yvire (ivoire) aux armes de France et de Navarre à ung manche d'ybénus. »

C'est le roi Charles V qui possédait cet éventail d'ivoire — se ployant — et cet article se trouve dans l'inventaire de son mobilier rédigé en 1379.

Monsieur Germain Bapst.

Je vous prie d'agréer,
cher monsieur, l'assurance de
mes sentiments les plus distingués
Natalis Rondot

Grand hôtel du Louvre.

11 juin 1881.

RAPPORT

SUR

LES OBJETS DE PARURE, DE FANTAISIE ET DE GOÛT.

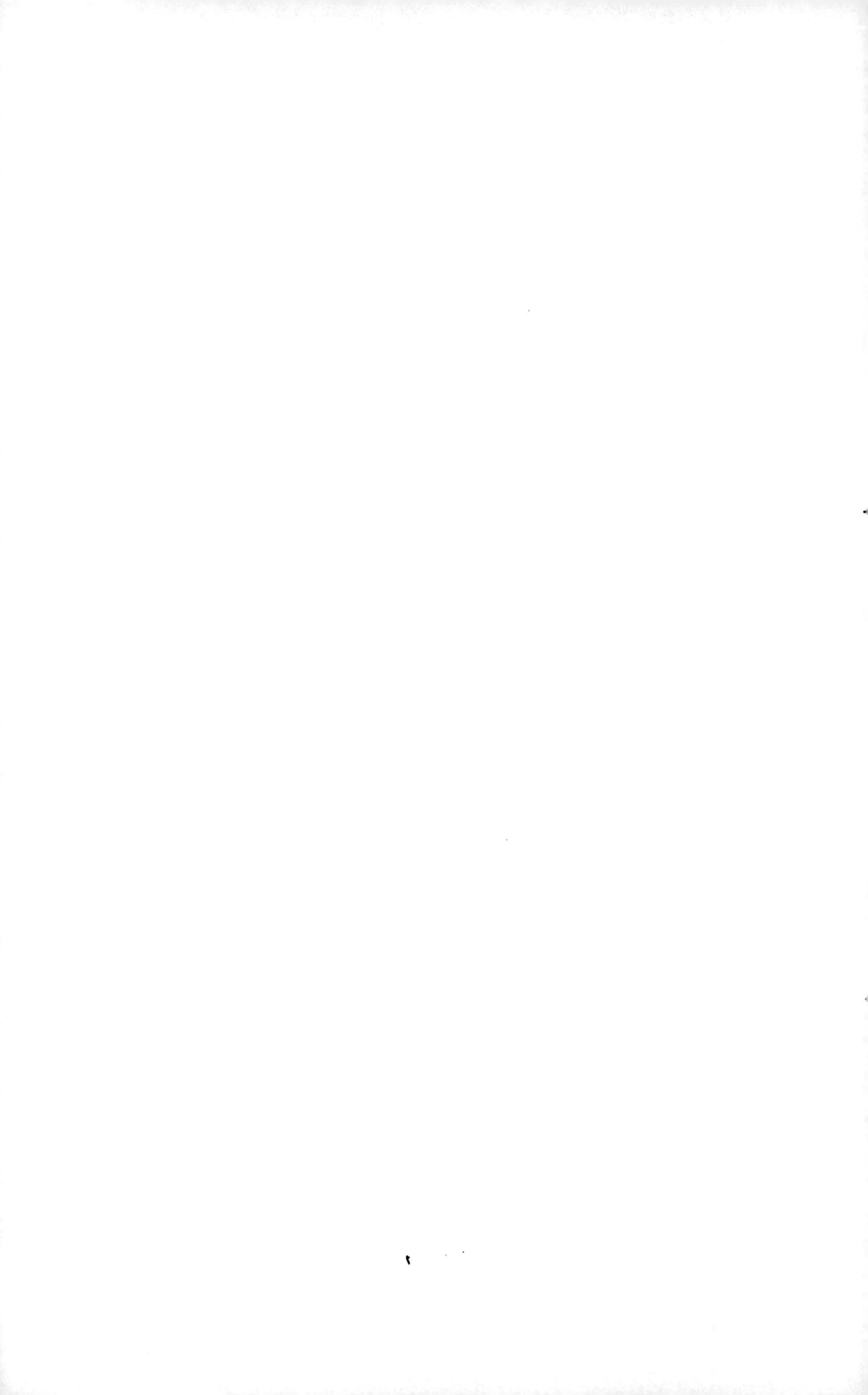

RAPPORT

SUR

LES OBJETS DE PARURE, DE FANTAISIE ET DE GOÛT,

FAIT A LA COMMISSION FRANÇAISE

DU JURY INTERNATIONAL

DE L'EXPOSITION UNIVERSELLE DE LONDRES,

PAR M. NATALIS RONDOT,

MEMBRE DU JURY CENTRAL DE FRANCE.

PARIS.

IMPRIMERIE IMPÉRIALE.

M DCCC LIV

XXIXe JURY.

OBJETS DE PARURE, DE FANTAISIE
ET DE GOÛT,

PAR M. NATALIS RONDOT,

MEMBRE DU JURY CENTRAL DE FRANCE.

COMPOSITION DU XXIXe JURY.

MM. le Vicomte CANNING, Président. . . . . Angleterre.

WOLOWSKI, professeur au Conservatoire impérial des arts et métiers, membre du jury central, Vice-Président . . . . France.

WARREN DE LA RUË, fabricant de papiers de fantaisie et d'articles de papeterie, membre de la Société royale de Londres, Rapporteur. . . . . Angleterre.

A.-W. HOFMANN, professeur au Collége royal de chimie, membre de la Société royale de Londres, Rapporteur-adjoint. . . . . Zollverein.

Arthur HENFREY, vice-prés. de la Société de botanique.
J. J. MECHI, fabricant de nécessaires et de coutellerie. } Angleterre.

Otto SCHUMANN, membre du Conseil de commerce, à Vienne. . . . . Autriche.

W. K. SMITH, minéralogiste, *État de Virginie*. . . . . États-Unis.

ASSOCIÉS.

MM. D.-W. MITCHELL, secrétaire de la Société de zoologie.
Richard OWEN, président du Collége de médecine, membre de la Société royale de Londres. . . . . } Angleterre.

Natalis RONDOT, membre du jury central, délégué de la Chambre de commerce de Lyon [1]. . . . . } France.

CONSIDÉRATIONS GÉNÉRALES.

Nous avons pris part, de concert avec notre collègue M. Wo-
lowski, aux travaux de la XXVIe et de la XXIXe classe. L'examen des

[1] M. Rondot était membre titulaire du XXVIe jury, et, en outre, associé du XXVIIIe et du XXIXe jury.

meubles, des papiers peints, et en général de tout ce qui comprend l'ameublement et la décoration intérieure, ressortissait à la première de ces classes. La seconde avait à juger un assez grand nombre de produits de nature très-différente. On y avait réuni notamment les bougies et les éventails, les savons, les engins de pêche et les jouets, la confiserie et les pipes, les nécessaires et les fleurs artificielles, etc.

Nous nous sommes chargé de rendre compte de quelques-uns des objets de toilette, de fantaisie et de goût, qui sont connus généralement sous le nom d'*articles de Paris*.

En dehors des groupes d'objets usuels parfaitement caractérisés, tels que les groupes des étoffes, des vases et des meubles, des machines, des instruments et des outils, il existe, dans la consommation générale, une foule de produits très-divers, qu'il serait aussi difficile d'énumérer que de définir. Les progrès de la civilisation, dans tous les temps et chez tous les peuples, ont modifié les habitudes de l'existence et déterminé des besoins nouveaux; ces besoins ont donné naissance aux produits dont nous nous occupons.

C'est ainsi que l'on a successivement inventé les ustensiles nécessaires à l'entretien de la chevelure, comme les peignes et les brosses; au service de la table, comme les cuillers et les fourchettes; les choses appropriées aux formes nouvelles des vêtements, comme les épingles, les boutons, les boucles, les agrafes et les œillets; les objets destinés à garantir de la pluie et du soleil, comme les parapluies et les ombrelles; à servir d'appui, comme les cannes, et d'aiguillon pour les coursiers, comme les fouets et les cravaches; à charmer les loisirs, comme les cartes, les dés, les dominos, les échecs; à ranimer sans cesse la gaîté des enfants, comme les poupées et les jouets; à renfermer les trésors, les parures, les papiers, etc., comme les cassettes et les coffrets, etc., etc.

On comprend la rareté, nous ne disons pas l'absence, de pareilles choses chez les peuplades sauvages; mais, dans l'antiquité même la plus reculée, aux confins de l'Occident comme dans l'extrême Orient, dès que les hommes ont commencé à se civiliser, ils ont voulu ajouter à leur bien-être, à leurs plaisirs, et les femmes à leur parure.

Les besoins et les fantaisies paraissent avoir été les mêmes dix-huit cents ans avant l'ère chrétienne, comme dix-huit cents ans après. Et c'est surtout aux petits objets dont nous parlons que peut être justement appliqué le proverbe : « Rien n'est « nouveau sous le soleil. »

Le *Tchéou-li*, ce livre précieux écrit dans le xi⁰ siècle avant Jésus-Christ, donne le dessin et les dimensions précises des parapluies alors usités en Chine, et l'on connaît non moins bien les parasols qui étaient employés à Ninive et à Persépolis, à Rome et à Athènes. Les petites filles jouaient, au Pérou, plusieurs siècles avant l'empire des Incas, avec des poupées faites de laine d'alpaca et brodées; elles avaient, à Memphis et à Thèbes, sous les Pharaons, de charmantes poupées de bois ou d'ivoire articulées, et à Panticapée, du temps de Mithridate, des poupées de terre cuite, également mobiles. Les nécessaires de toilette, dans l'antique Égypte, comme à Rome sous les premiers empereurs, fournissent la preuve d'une habileté et d'une science de fabrication auxquelles, il y a peu d'années encore, on n'avait pas atteint dans les États européens.

Nécessaires et écrins, fleurs artificielles et colliers, éventails et miroirs, peignes, boutons, anneaux et épingles, chapeaux, perruques, gants et chaussures, parasols et cannes, fards et parfums, dés, échecs et jouets, toutes ces choses et mille autres encore ont été imaginées dans d'autres temps et sous d'autres cieux. On les retrouve dans les villes antiques de Pompéi et d'Herculanum et sous les ruines de villes sans nom et sans histoire au Pérou, au Mexique, au Yucatan, dans les sépultures égyptiennes, les tumulus de la Tauride et de la Crimée et sous les sables de l'ancienne Assyrie; elles sont figurées sur les bas-reliefs et les vases peints des Grecs, sur les papyrus et les fresques des Égyptiens. Les écrits des historiens, des poëtes et des philosophes de Rome et d'Athènes, les encyclopédies et les annales des Chinois complètent ces preuves.

de sorte que nous connaissons les coutumes, les goûts, le luxe de peuples et de civilisations qui ne sont plus, mieux que ceux de notre pays dans ces derniers siècles. Et cependant que d'enseignements notre industrie puiserait dans cette belle période des cinq derniers siècles du moyen âge et des cent cinquante années de la Renaissance, où l'art s'associait librement aux travaux des métiers et leur apportait des inventions charmantes et des formes nouvelles, où les métiers mettaient au service de l'art une habileté à laquelle les dures conditions de l'apprentissage et du *chef-d'œuvre* ajoutaient sans cesse, et des traditions qui remontaient parfois jusqu'à l'antiquité [1].

La fabrication de chaque genre des objets dont nous parlons forma d'abord un petit métier distinct qui était exercé par certaines familles et dans certaines villes; plus tard, ces petits métiers furent réunis suivant l'analogie du travail aux communautés que l'on constitua, et les rois modifièrent peu à peu les cadres et les statuts de celles-ci, selon les progrès, les habitudes et les modes.

Ainsi il existait, au temps des croisades, trois corps de métiers qui, sous le nom de *patenostriers*, fabriquaient les chapelets : 1° *les patenostriers d'os et de cor* (corne), 2° *de corail et de coquille* (nacre de perle), 3° *d'ambre et de gest*. Les orfèvres faisaient, en outre, les chapelets de pierres précieuses, de bois, etc. Dans la suite, quand la dévotion fut moins fervente, ces corporations furent réduites à deux, dont la principale occupation était la fabrication des perles fausses [2]; elles se fondirent ensuite en une seule, et, à la fin du règne de

---

[1] Ceci était écrit en 1852, avant la publication du tome II de la *Notice des émaux du Louvre*. Le comte de Laborde a présenté, dans le cadre d'un glossaire, le tableau exact de la richesse, de l'élégance et des raffinements d'une partie du luxe du moyen âge et de la Renaissance. L'industrie d'art a beaucoup à gagner à l'étude des œuvres de ce temps; le travail précieux de M. de Laborde rend cette étude facile.

[2] C'est au commencement du XVIIe siècle qu'un artisan nommé Janin imagina d'employer, à la fabrication des perles fausses, la matière nacrée des écailles de l'ablette.

Louis XV, l'unique corporation des patenostriers, à peu près sans travail, fut réunie à celle des tabletiers.

Le régime des communautés d'arts et métiers, qui a pu avoir, dans l'origine, sa raison d'être, est devenu bientôt un instrument de monopole, une gêne pour le travail, un obstacle aux inventions, aux progrès et au bon marché. Aussi l'industrie s'est-elle transformée aussitôt après la suppression des corporations; dans le cours de son libre développement, bien des petits métiers presque inconnus ont acquis une grande importance, et, pour ne citer qu'un fait, l'industrie a grandi, dans la seule ville de Paris, au point de produire, un demi-siècle après la loi du 2 mars 1791, un demi-siècle traversé par des révolutions, des guerres et des désastres, de produire, disons-nous, pour 1,500 millions et d'occuper plus de 400,000 fabricants et ouvriers[1].

On était loin d'avoir, dans l'ancien temps, les habitudes de bien-être qui sont si générales aujourd'hui, et la consommation des menus objets de toilette, de service et de fantaisie, n'a reçu qu'à la fin du xviie siècle un développement notable. Nous avons trouvé, à ce sujet, un curieux document; la Chambre de commerce de Lyon[2] dit, dans une délibération du 11 avril 1711 : « Comm' jl y a aparence que le génie des « François en ces sortes de gentillesses n'est pas epuisé et que « plus de cinquante mille familles ou pour mieux dire la moi- « tié de Paris ne viuent que de cette jndustrie[3], laquelle « deuiendroit sans fruit, s'jls n' jnnouoient pas tous les jours... » La fabrication de ces objets, florissante sous Louis XV, fut presque anéantie par la Révolution; elle s'est relevée avec vigueur sous le Directoire, s'est accrue lentement sous l'Empire, un peu plus sous la Restauration, et a pris, vers 1834, une extension prodigieuse.

[1] *Statistique de l'industrie à Paris.*
[2] Elle fut établie par arrêt du Conseil d'État du 30 août 1701.
[3] L'industrie de la mercerie, qui comprenait alors les fabrications de bijouterie, boutons, passementerie, tabletterie, brosserie, coutellerie fine, bimbeloterie, etc.

Mais, chose singulière, les inventions, les efforts, les progrès accomplis dans ce vaste champ industriel, n'ont arrêté l'attention d'aucun observateur. L'existence même de tant d'industries intéressantes est restée à peu près ignorée jusque vers 1844. Leurs produits passent inaperçus; on ne songe pas à étudier ces choses que l'on a à tout instant sous la main ou devant les yeux, et dont la nature, la forme et le prix sont toujours si bien en rapport avec les goûts, les habitudes et les ressources de la population.

Ces industries sont exercées principalement à Paris et avec leur caractère particulier depuis plus de trois siècles. Leur concentration dans cette capitale, la supériorité qu'elles y ont acquise et la préférence qu'on accorde par tout le globe à leurs produits, ont fait généralement désigner ceux-ci sous le nom d'*articles de Paris*. On a été plus loin; car on appelle *industrie de Paris* l'ensemble de ces fabrications ingénieuses.

L'*industrie de Paris* a été étudiée d'une manière complète dans l'enquête qui a été entreprise, de 1848 à 1851, sous la haute direction et aux frais de la Chambre de commerce de Paris, présidée par M. Legentil. Les résultats de ce grand travail ont été publiés en 1851, sous le titre de *Statistique de l'industrie à Paris* [1].

L'*industrie de Paris* forme le tiers de tout le travail parisien; elle se compose d'environ cent branches de fabrications distinctes, et le mouvement total des affaires représente, pour l'année 1847, une valeur de près de 485 millions. 16,500 fabricants, grands et petits, et 120,000 ouvriers concouraient alors à cette production.

Cette industrie est essentiellement mobile : nulle part on ne s'assimile mieux et plus vite les inventions, les perfectionnements, les idées nouvelles; nulle part on n'est plus habile à exciter la consommation par mille séductions, à pourvoir par

---

[1] Cette enquête et cet ouvrage ont été exécutés, sous la direction d'une commission, dont M. Legentil était président et M. Horace Say secrétaire et rapporteur, par deux délégués chargés de la direction du travail et en même temps rapporteurs adjoints, MM. Natalis Rondot et Léon Say.

avance à des caprices ou à des besoins auxquels on donne
ainsi naissance. Les saisons, les modes, les circonstances, font
modifier la façon et la matière de bien des objets usuels, et
le monde élégant de tous les pays attend, chaque année, de
Paris, les nouveautés en tous les genres.

Sauf de rares exceptions, ce n'est qu'à Paris que les fabrications dont nous nous occupons ici ont été portées au plus haut
degré de perfection. L'Exposition universelle a montré, d'une
manière éclatante, combien la supériorité des fabricants parisiens est grande : ils sont sans rivaux pour le dessin, la forme
et la couleur. Ils ont acquis, dans les écoles de dessin, dans
les cours publics et les musées, le sentiment du beau et de
l'élégance. Leur intelligence, leur aptitude naturelle, s'est développée, leur goût s'est épuré : ils savent donner aux articles
les plus vulgaires un cachet de distinction ; ils ajoutent par
leur art de la valeur à la matière la plus vile, et produisent,
par une division de travail ingénieuse, de charmantes choses
aux prix les plus modiques.

On trouve en Angleterre plus de force et de richesse : un
outillage plus complet, une fabrication plus savante et plus
méthodique, une organisation plus économique et plus régu-
lière fondée sur de grands capitaux. Le Zollverein et l'Autriche ont donné des preuves d'un génie particulier : les ouvriers allemands sont patients et laborieux ; leurs habitudes
de frugalité et d'épargne, le bon marché de la vie dans leur
pays, leur permettent d'accepter des salaires bien inférieurs
à ceux des ouvriers parisiens. Leurs œuvres, leurs dessins,
manquent de hardiesse, de légèreté et souvent de goût, mais
ils se distinguent, en général, par la simplicité ou l'expression.
En Belgique, chez ce petit peuple actif et intelligent, l'industrie d'art n'existe pas ; on copie servilement les dessins ou les
modèles français.

A Paris, la vivacité d'action et la fécondité de conception
sont unis à la grâce inimitable et à la perfection du travail.
Les fabricants et les ouvriers sont d'infatigables chercheurs :
ceux-là imaginent des dispositions, des combinaisons et des

hardiesses nouvelles; ceux-ci, des moyens d'exécution plus sûrs et plus expéditifs. Il est aussi difficile pour les étrangers de rivaliser avec les premiers pour l'originalité, le goût et la grâce, qu'avec les seconds, pour le soin, la délicatesse et la vivacité.

Nous ne partageons pas l'opinion de ceux qui attribuent exclusivement ces qualités à l'heureuse nature des fabricants et des ouvriers; nous cherchons ailleurs le secret de ces merveilleux ressorts et la cause de cette vertu singulière à laquelle les industries de Paris doivent leur éclat. C'est certainement l'effet de la protection éclairée et forte que, depuis Charlemagne, les rois de France donnèrent aux arts, et dont les métiers profitèrent; c'est aussi l'effet de la présence d'une cour qui fut, pendant si longtemps, en avance sur la nation et l'Europe pour la distinction et l'élégance. La source de cette fécondité d'invention que l'étranger nous envie, il faut, pour la trouver, remonter jusqu'à la Renaissance; nos Liénard sont de l'école de Jean Goujon et de Germain Pilon.

Le goût des maîtres et des compagnons s'était formé sous François Ier et Henri II; leur main, déjà au moyen âge, si exercée, avait gagné en délicatesse, et les meubles, les coffrets, les peignes qui sont de ce temps, témoignent d'une habileté qui plus tard a été difficilement égalée. Enfin, même avant la fin du moyen âge, la mode de la cour avait tant d'autorité à l'étranger et tant d'attrait pour les nationaux, que les gens des métiers devaient y conformer leurs ouvrages, et rien n'était plus propre à les familiariser avec les choses de goût et de fantaisie. On comprend ce qu'une industrie si bien préparée devait devenir sous un grand règne comme celui de Louis XIV, et, comme au plus beau temps de l'école française, maîtres et compagnons étaient propres, avec de telles traditions, à donner au luxe d'alors une distinction, une élégance et des raffinements qui en faisaient accepter la richesse.

Malgré les événements qui se sont accomplis depuis soixante ans, nous avons conservé une partie de la grande avance que nous avions conquise, et, par bonheur, l'influence des derniers

siècles est sensible encore. La diffusion par les cours publics
de connaissances scientifiques, la fréquentation des écoles de
dessin, la vue des chefs-d'œuvre de nos musées, un esprit naturellement vif et curieux, tout cela a de bons effets et seconde
utilement l'application intelligente de procédés mécaniques.
Mais l'ouvrier est aujourd'hui moins complet; c'est la consé-
quence de la suppression des *chefs-d'œuvre*, de la moindre
durée de l'apprentissage, de la division du travail. Des métiers qui confinaient à l'art ont perdu leur caractère élevé.
C'est certainement servir leurs progrès que de leur fournir les
moyens de produire à bon marché, et nous applaudirions à
ce bienfait; mais cela ne suffit pas, car le succès est, pour Paris,
moins dans le prix que dans la forme. Il faut donner à nos
dessins, à nos modes, à nos créations de fantaisie, une originalité nouvelle et chercher, dans l'étude des chefs-d'œuvre de
tous les temps, le secret d'une élégance toujours aimée et de
séductions nouvelles.

Nous signalerons, en terminant, le double mouvement de
transformation et de déplacement qui s'opère dans certaines
industries de Paris. L'ouvrier parisien est, en général, trop
habile pour qu'on le charge de façons qui n'exigent qu'une
action mécanique. Aussi, la plupart des façons de cet ordre
sont exécutées par des machines ou par des ouvriers des cam-
pagnes. On a en même temps profité de ce que le loyer, le
combustible, les matières premières, la main-d'œuvre, coûtent
moins cher dans les départements pour y établir quelques
manufactures d'articles de Paris, entre autres d'éventails, de
peignes, de brosses, de jouets, de tabletterie, etc. La direction et les modèles viennent toujours de Paris, et presque tous
les produits y sont renvoyés pour recevoir le dernier coup
d'outil de la main d'un ouvrier parisien.

A la veille d'entreprendre un voyage en Turquie et en Russie [1], nous ne pouvons mettre en œuvre tous les matériaux que
nous avons recueillis sur l'histoire et les progrès, dans les cin-

---

[1] Ceci était écrit en novembre 1852.

quante dernières années, des industries dont nous avons exa
miné les produits. Nous nous bornerons à examiner les traits
principaux de chaque branche de fabrication.

OUVRAGES POUR LA DÉCORATION INTÉRIEURE
EN CARTON-PIERRE OU EN GUTTA-PERKA [1].

32 exposants ont présenté des ouvrages pour la décoration
intérieure, faits de carton-pierre, de chanvre, de gutta-perka;
8 étaient Français, 10 Anglais, 12 Allemands, 1 était Belge
et 1 Sarde.

Le bon goût des compositions, la finesse et l'habileté de
l'exécution, ont acquis depuis longtemps à la France, pour ces
produits, une supériorité qu'aucune nation ne lui dispute.

Les panneaux, les bas-reliefs et les groupes de nature
morte, exposés par M. CRUCHET, ont été appréciés par la
XXVIe classe, comme ils méritaient de l'être, et la *grande médaille* a été proposée pour M. Cruchet. Cette haute récompense
a été votée par les quatre classes formant le 5e groupe, mais
n'a pas été accordée par le conseil des présidents : la XXVIe
classe a protesté contre cette décision.

Malgré cette sévérité, il est incontestable que nos ornemanistes n'ont pas de rivaux. Les modèles de M. Cruchet,
les frises du palais de Fontainebleau par M. HUBER, étaient
dignes de leurs auteurs, et cependant la réputation de ces
artistes est si grande, que le jury attendait d'eux mieux encore.

MM. JACKSON ET FILS, de Londres, étaient hors de concours,
M. Jackson étant membre de la XXVIe classe. L'exposition de
cette importante maison se distinguait par un très-heureux
choix d'ornements, en général d'un dessin élégant et exécutés
avec finesse. Une partie de ces mérites sont dus à des artistes
et à des ouvriers français.

---

[1] On prononce, en France, *gutta perka* : le nom malais est *gutta-pertcha*
(gomme du pertcha).

Les têtes d'animaux de M. Leven, d'Heidelberg, étaient modelées avec beaucoup de vérité et ne manquaient pas d'originalité.

Enfin la belle collection de statuettes et d'ornements de M. Gropius, de Berlin, a attiré, à juste titre, l'attention.

La seule chose qui soit digne d'être signalée, c'est l'application du gutta-perka à la décoration des appartements. Une substance qui reçoit aussi facilement et qui conserve sans altération les formes et les empreintes les plus délicates, ne pouvait tarder d'être employée à cet usage.

Le gutta-perka ou gutta-nia est la sève du *pertcha* ou *niato* (*isonandra gutta*), arbre de la famille des sapotacées qui croît en abondance dans la Péninsule malaise et les îles de l'Archipel indien. Il a été connu en Angleterre dès 1650, car il existait, dans la collection de John Tradescant, un échantillon de cette substance sous le nom de *plyable mazer wood*. Le docteur Montgomery, qui habitait Singapour en 1842, découvrit que le gutta-perka peut recevoir, dans l'industrie, des applications utiles. M. José d'Almeida, négociant portugais et lui, en envoyèrent des échantillons, en novembre 1843, au secrétaire de la Société des Arts de Londres. Dans les premiers jours du mois d'août 1844, les délégués commerciaux attachés à la Mission en Chine [1], remarquèrent à Singapour les cannes, les vases et les ustensiles faits de gutta-perka, et l'un d'eux écrivit une note sur la fabrication de ces objets qu'il terminait ainsi : « La facilité avec laquelle on façonne « cette espèce de gomme doit permettre de l'employer dans « plusieurs branches de l'industrie parisienne. »

Trois exposants ont montré de curieux spécimens d'ouvrages pour la décoration intérieure faits de gutta-perka, entre autres des piédouches, des frises, des panneaux sculptés, des cadres, des groupes d'animaux. Les uns étaient peints de façon à imiter le bois de chêne; d'autres étaient dorés et quelques-uns *métallo-thionisés*. Ces derniers prennent, par l'incorpora

---

[1] MM. A. Haussmann, I. Hedde, Renard et N. Rondot.

tion de sulfures métalliques dans le gutta-perka, la colora
tion et l'éclat du bronze florentin.

Le gutta-perka peut être appliqué avec avantage à la décoration : cela ne fait pas doute. Il est léger, tenace, à peu
près inaltérable, et l'on en forme des feuilles très-minces; le
travail de moulage est encore loin d'être bien réussi.

En résumé, le moulage n'offre plus aujourd'hui de difficultés sérieuses. Cependant, si l'on est arrivé à peu près
partout à une exécution matérielle satisfaisante, MM. Cruchet, Huber et Jackson, sont les seuls dont les ouvrages
soient traités avec le plus de soin.

Dans cette industrie, la question d'art l'emporte de beaucoup sur toute autre considération. La belle ordonnance, le
goût, l'élégance des décors frappent nécessairement davantage
que la correction du travail. A ce point de vue, la supériorité
de nos premiers ornemanistes est généralement acceptée.

MEUBLES DE LAQUE OU DE PAPIER MÂCHÉ.

Les Chinois font en bois enduit de laque, différents meubles destinés à l'Europe et à l'Amérique, notamment des paravents, des guéridons, des tables à ouvrage, à échiquier, à
thé, etc. Le travail d'ébénisterie, la vernissure, la polissure
et la peinture, sont, en général, assez négligés. Il y a une différence très-grande entre les ouvrages actuels et ceux qui datent
d'une centaine d'années, et qui sont connus sous le nom de
vieux laques.

Les objets qui étaient exposés dans le département chinois
n'offraient aucun intérêt. Des trois paravents, un seul, composé de six feuilles de 2 mètres et demi de haut, était d'une
bonne exécution et provenait de l'atelier de Hip-qua, le meilleur fabricant de Canton.

On fait aussi, au Japon, des meubles de laque; ils sont généralement supérieurs à ceux qui sont exécutés en Chine,
tant pour la pureté et l'éclat du vernis que pour la correction
du travail d'ébénisterie et le fini du travail d'ornementation.

C'est par les Hollandais et les Chinois, qui ont eu seuls jusqu'à présent, le privilége de commercer avec le Japon, que les laques japonais arrivent en Europe.

Quatre meubles de ce genre figuraient à l'Exposition : trois étaient des secrétaires, faits d'après des modèles européens de forme surannée; le quatrième, le seul qui fût digne d'attention, était une petite table à ouvrage.

Les laques de la Chine et du Japon n'ont guère été connus, en France, que vers 1650; c'est aux missionnaires jésuites que l'on doit les premiers envois importants de ces meubles curieux. La richesse et l'originalité des laques qui furent présentés à la cour, les mirent en vogue, et, sous Louis XV, comme sous Louis XVI, ils étaient tellement recherchés, que l'on envoya en Chine et au Japon, pour les y faire enduire de laque, beaucoup de meubles et d'objets d'un travail précieux, faits d'acajou, de chêne, de tilleul, de bois exotiques ou de cuivre.

Le haut prix des laques fit entreprendre de bonne heure des essais d'imitation qui n'ont pas abouti, bien que Huyghens [1] et le peintre Martin s'en soient occupés avec ardeur. Tavernier, qui était un bon juge, en parle dans ses *Voyages* : « Nos ouvrages d'Europe que « nous appelons façons de la Chine, n'étoient que « des copies bien grossieres de ceux-là » (des laques du Japon qu'il voyait à Goa, chez le vice-roi [2]). Les modèles abondent, les procédés et les tours de main des Chinois sont connus [3], et cependant on n'a pas encore produit en Europe, des ouvrages comparables aux vieux laques chinois. Hâtons-nous de dire que, si l'on n'a pas obtenu ce résultat, c'est que l'on n'a pas sérieusement cherché. Les meubles d'imitation de laque sont entrés

---

[1] On conserve, au Cabinet royal de curiosités, à La Haye, un spécimen des essais de Huyghens. — « N° 724. Le vernis japonais contrefait très-artis- « tement par M. Huyghens à La Haye. »

[2] Édit. de 1713, tome V, page 34.

[3] Nous avons fait connaître dans tous ses détails la fabrication des laques de la Chine et du Japon (*Journal asiatique*, 1848, 4ᵉ série, tome XI, pages 34 à 65). On trouve dans l'encyclopédie japonaise, liv. LXIII, et dans le *Pen-thsao-kang-mo* (1593), quelques renseignements sur l'arbre à vernis.

aujourd'hui dans la consommation ; on demande qu'ils soient originaux, brillants, légers, et on les veut à bon marché; ils sont destinés à former des ameublements modestes, et sont très-rarement demandés pour les riches salons ou les cabinets d'amateurs. Cela explique la différence qui existe entre les procédés de l'Europe et ceux de la Chine; à Paris et à Birmingham, le brillant est dû principalement au vernis; à Canton, il est produit surtout par le poli.

Tous les meubles de laque de la Chine et du Japon sont faits de bois; quant aux imitations européennes, elles sont, les unes également de bois, les autres de ce que l'on appelle, en Angleterre, *papier mâché*.

Les premières, celles de bois, sont faites à Paris, à Amsterdam, à Vienne, à Bruxelles; les secondes sont exclusivement fabriquées en Angleterre, à Birmingham, à Wolverhampton et à Londres.

MEUBLES DE BOIS.

Les fabricants de Paris n'ont rien envoyé à l'Exposition; leur abstention est regrettable, car plusieurs d'entre eux pouvaient présenter de bons ouvrages, qui leur sont commandés pour l'Amérique du Sud, l'Espagne et les colonies.

Six exposants étrangers ont concouru : 1 Hollandais, 1 Belge, 1 Autrichien, 2 Anglais, 1 Wurtembergeois.

M. F. ZEEGERS, d'Amsterdam, est le seul qui doive être signalé. Son paravent chinois et son écran japonais se distinguent par une imitation très-intelligente du travail, du goût et des ornements de l'extrême Orient. Il y a, dans les encadrements du paravent, de charmants bouquets de fleurs et des dragons dessinés avec hardiesse. Le dessin des personnages est négligé; le poli et la vernissure laissent à désirer.

Nous avons remarqué parmi les ouvrages de laque de Mme GIRON, de Bruxelles, une feuille de table dont l'exécution est assez satisfaisante, mais dont le prix (80 fr.) est élevé.

MEUBLES DE PAPIER MÂCHÉ.

16 fabricants anglais : 9 de Birmingham, 4 de Londres, 2 de Wolverhampton et 1 d'Oxford se sont présentés.

Les plus renommés sont, d'après ce qui nous a été rapporté, JENNENS et BETTRIDGE, — MAC CULLUM et HODSON, — LANE, tous trois de Birmingham.

On fait, en Angleterre, avec le *papier mâché*, beaucoup de guéridons, de tables à ouvrage, d'écrans; quelquefois des siéges; rarement des paravents, des fauteuils et des toilettes.

Ces ouvrages sont tous décorés de peintures sur fond noir; ces peintures sont rehaussées par des appliques de nacre blanche ou colorée; elles représentent ordinairement des fleurs ou des ornements, parfois des personnages tels que la reine, le prince Albert, le duc de Wellington, etc. Le vernis a un grand brillant; les peintures ont de la fraîcheur et de l'éclat.

Le *papier mâché* est, par sa nature, très-convenable pour les petits meubles précités; mais les formes et les ornements de la plupart de ces meubles sont de mauvais goût. Nous nous bornerons à signaler quelques jolis écrans de M. Lane, et un guéridon de MM. WALTON ET Cie, de Wolverhampton. Ce guéridon était d'un travail excellent, mais d'un prix exorbitant (810 fr.).

MEUBLES DE SCHISTE.

On fait, depuis une vingtaine d'années, en Angleterre, quelques meubles de schiste du pays de Galles, qui ont de la ressemblance avec les meubles de laque. M. STIRLING, de Londres, avait envoyé, entre autres objets, des guéridons de schiste peint qui imitait, à s'y méprendre, le papier mâché verni. Ces tables sont pesantes et chères : le prix de l'une d'elles (le n° 11) était de 186 francs.

COFFRETS, PLATEAUX ET OBJETS DE FANTAISIE
DE LAQUE OU DE PAPIER MÂCHÉ.

Les Chinois font beaucoup de petite ébénisterie de laque dont le travail est très-soigné; mais les objets de laque dont la fabrication est le plus considérable à Canton sont les boîtes à thé, à ouvrage, à jeu, à gants, etc., les coffrets, les plateaux, les échiquiers, les dessous de bouteilles, etc. Cette industrie est exercée dans une vingtaine d'ateliers; presque tous les ouvrages sont d'une exécution négligée et à bon marché. Hipqua est le seul fabricant qui fasse des pièces de prix; bien que le travail en soit très-remarquable, ces laques ne soutiennent pas la comparaison avec les laques du xviie siècle. Les Japonais seuls font aujourd'hui le laque aussi bien qu'on le faisait en Chine sous les Ming; le laque japonais a même plus de finesse et de brillant. Il est regrettable qu'il n'y ait pas eu, à l'Exposition, de ces laques sur bois ou cuivre, noirs, aventurines, rouges ou verts avec des dessins d'or ou de burgau. Ces beaux ouvrages étaient très-estimés autrefois, tant en Europe qu'en Asie, et nous ne serions pas surpris que les « escuelles d'ung beau bois vernis, les bors dorez à manches, « les fondz painct d'or et de verd, venues des Indes, » qui figurent sur l'inventaire de Marguerite d'Autriche [1], ne fussent des laques japonais. Ce sont des laques que l'empereur du Japon fit donner en présent à l'ambassadeur portugais envoyé à Nangazaki en 1642 : « Ce present fut composé de six grands cabi« nets et de six grands coffres lacrez de noir, avec des figures de « relief entremêlées de paillettes d'or, et toutes les garnitures « étoient d'or massif. Il y avoit encore six cabinets et six « coffres lacrez de rouge avec des paillettes d'argent qui étoient « garnis de même [2]. »

---

[1] Marguerite d'Autriche, la célèbre gouvernante des Pays-Bas, vécut de 1479 à 1530. Voir la *Revue archéologique*, 1850.

[2] Voyages de Tavernier. (Édit. de 1713, tome V, page 34.)

On avait envoyé de l'île de Sumatra des boîtes à siri assez grossières, enduites de laque et ornées de dessins d'or sur fond noir; c'était l'œuvre de Chinois qui résident à Palembang, et cela n'a rien de commun avec le laque de la Chine.

Il y a dans le Lahore et le Sindh, au Bengale et en Perse, une fabrication d'objets de bois ou de carton décorés et vernis qui a un cachet particulier. Ce sont généralement des coffrets, des cadres de miroir, des plateaux, des étuis pour renfermer l'encrier et les plumes de roseau, des pliants pour les livres sacrés, etc. : le vernis conserve longtemps son éclat; les décors, ceux de l'Inde surtout, se distinguent par leur élégance et le contraste habile des couleurs. Nos fabricants trouveront là de bons modèles.

Le genre de laque qui est appelé *laque de Ti-tchéou* (*Tychow ware*) n'est fait qu'en Chine. Des vases, des coffrets, des boîtes de toutes grandeurs et de toutes formes, faits de bois, sont recouverts d'une pâte très-fine, colorée en rouge par le vermillon[1]. Cette composition acquiert une grande dureté; on la découpe et on la sculpte avec une rare délicatesse. Les laques de Ti-tchéou sont très-estimés. On prétend qu'ils sont faits principalement dans le département de Houang-tchéou, province de Hou-pèh. Nous ferons remarquer que la circonscription de Ti-tchéou, dont ils portent le nom, est comprise dans le département de Tsi-nann-fou, province de Chann-toung.

Ce que l'on nomme *papier mâché* en Angleterre est connu en Chine et au Japon depuis plusieurs siècles, et nous avons nous-même acheté à Ning-po des coupes en forme de lingot d'argent *sycee,* qui étaient faites de carton, polies, enduites de laque et décorées d'appliques légères de nacre et d'argent. Ces coupes avaient été envoyées à Tcha-pou de la factorerie

---

[1] C'est certainement cette fabrication que Du Halde décrit (t. II, p. 177) : « ... On compose de papier, de filasse, de chaux et de quelques autres « matières bien battues, une espèce de carton qu'on colle sur le bois, sur « lequel on passe deux ou trois fois de l'huile de *tong*, après quoi l'on « applique le vernis. . . . »

chinoise de Dézima; on fait, dit-on, de semblables ouvrages à Sou-tchou et à Pé-king.

Le papier mâché a été employé avec le stuc, au commencement du xvie siècle, à la décoration intérieure du château de Fontainebleau. Dans les comptes des travaux exécutés pour François Ier, on appelle *pouppetiers* les ornemanistes qui mettaient en œuvre ces matériaux probablement nouveaux alors en France [1]. Le papier mâché était assez usité en France vers 1730 et il fut importé en Angleterre dans la seconde partie du dernier siècle. Le nom de *papier mâché*, qu'il a conservé, en fait assez connaître l'origine et l'ancien mode de fabrication. Baskerville et Clay, son apprenti, mirent à profit cette idée qui leur venait d'outre-Manche. Clay imagina et fit breveter le procédé qui est en usage actuellement; Baskerville donna ses soins à la vernissure. Jusqu'au commencement de ce siècle, on ne faisait que des plateaux; MM. Jennens et Bettridge entreprirent les premiers la fabrication des autres objets. Vers 1835, l'ancien procédé français, c'est-à-dire la pression dans des moules de pâte de papier ou de papier mouillé, fut remis en usage par M. Brendley, de Birmingham; celui-ci prit pour cela un brevet qui a été, dit-on, attaqué.

Quoi qu'il en soit, deux modes de fabrication sont usités aujourd'hui : le procédé de Clay et l'ancien procédé. On ne fait avec ce dernier que les objets communs. La nature du papier, l'encollage particulier qu'il reçoit, la durée des passages en étuve, le travail de coloration, de polissure, de vernissure et de peinture, tous ces détails de la fabrication n'offrent aucun secret, et même aucun tour de main particulier [2]. On en a publié plusieurs fois la description, et rien n'est plus facile que de les étudier dans les ateliers de Birmingham [3].

---

[1] Il est fait mention de *pouppetiers* dans le deuxième compte de Me Nicolas Picart, notaire et secrétaire du roi (1537-1540). — De Laborde, *Renaissance des arts à la cour de France*, t. I, p. 404 et 405.

[2] On emploie beaucoup de femmes à ce travail, elles gagnent la plupart de 12 à 16 shill. par semaine.

[3] Une description exacte des procédés se trouve dans la brochure qui

C'est dans cette ville que sont les établissements les plus importants. Il y a à Wolverhampton quelques fabricants de plateaux, mais leur spécialité est plutôt la confection des ouvrages de tôle ou d'étain verni.

On fait, en Angleterre, avec le papier mâché d'énormes quantités de plateaux, de coffrets, d'écrans à main, de pupitres, de boîtes à ouvrage et à jeu, de coffres de nécessaires de toilette ou de bureau, etc., toutes choses que nos ébénistes-coffretiers exécutent avec beaucoup d'habileté. Tous les ouvrages de papier mâché sont surchargés de peintures, et ces peintures sont rehaussées par des appliques de nacre blanche ou colorée. Ce que l'on trouve ravissant à Londres serait délaissé à Paris; et nous n'hésitons pas à dire qu'en général les ouvrages de papier mâché sont, pour la forme et la décoration, de très-mauvais goût. Il y a quelques exceptions à faire en faveur de plateaux exposés par MM. JENNENS et BETTRIDGE, LANE, WALTON; nous avons remarqué, sur plusieurs plateaux, des ornements d'un bon style et des peintures qui attestent une main habile.

Le prix de ces objets est élevé; le moindre plateau de 3o pouces anglais, coûte, s'il est décoré, une cinquantaine de francs, et, s'il est exécuté avec soin, il vaut de 80 à 120 fr. Une boîte à thé coûte environ 220 francs; une boîte à jeu, 175 francs; un petit écran, de 20 à 5o francs; un buvard, de 5o à 15o francs, etc. On trouve, il est vrai, dans certains magasins de quincaillerie de Londres, des boîtes à thé à 15 francs la pièce, des boîtes à ouvrage à 25 francs, et des plateaux dont l'assortiment de trois est offert à 22 francs; mais ces articles à bon marché ne sont pas de vente courante; fort médiocres d'ailleurs, ils servent à attirer les acheteurs.

La fabrication des objets de papier mâché devrait être entreprise de nouveau à Paris. Certainement Birmingham con-

fut distribuée, le 19 juin 1851, aux jurés et aux commissaires étrangers invités par la ville de Birmingham. (*A slight sketch of the Manipulatory processes in Electro-metallurgy, Glass, and Papier mâché manufacture,* . . . . p. 16 à 18.)

servera toujours la confection des plateaux, dont l'usage est très-répandu en Angleterre, et pour lesquels il est nécessaire d'avoir un outillage et un matériel particuliers et considérables; mais on doit mieux réussir à Paris dans la petite ébénisterie et la tabletterie de fantaisie. Le papier mâché est facile a faire et à façonner; c'est une matière à la fois légère, solide, très-résistante, on l'emploie même à faire des anneaux qui ont à supporter des choses assez pesantes. Il prend bien le vernis, peut recevoir un beau poli, et remplacerait avec avantage, dans beaucoup de cas, le bois, le carton et le fer blanc.

NÉCESSAIRES DE TOILETTE, DE BUREAU OU DE VOYAGE.
COFFRETS DE LUXE.

Les nécessaires de toilette étaient, dans l'antiquité, aussi habilement construits, et décorés avec autant de goût qu'ils le sont aujourd'hui en France et en Angleterre. Les coffrets dans lesquels les femmes d'Égypte, au temps des Pharaons[1], et celles de Rome, au temps des Césars, renfermaient leurs objets de toilette, étaient d'argent, d'ivoire, de bois précieux, et ne différaient pas, autant qu'on serait tenté de le supposer, des ouvrages des fabricants les plus renommés de Paris et de Londres. Les anciens savaient distribuer avec art les compartiments de ces petits meubles, de façon à y placer le plus de choses et à en rendre l'usage commode.

Les coffrets, les écrins, ont été une des parties les plus élégantes du luxe du moyen âge; on y plaçait les livres si rares alors, les joyaux et l'argent. Il faut avouer que rien de ce que l'on fait en ce genre, de nos jours, n'est comparable, pour la richesse et même pour le travail d'art, aux ouvrages de ce temps. Les inventaires font mention de coffrets d'or, d'argent, de jaspe, garnis d'émaux et de pierres fines; et l'on conserve encore de très-beaux coffrets d'ivoire ou de bois pré-

---

[1] Wilkinson, *Manners and customs of the ancient Egyptians*, t. II, p. 355 et 361.

cieux sculpté, de marqueterie, de cuivre doré ou émaillé, etc.
Nos nécessaires sont une imitation des *pignères* du xiv° et du
xv° siècle, étuis de cuir souvent très-enjolivés qui renfermaient
les peignes, rasoirs, gravoirs, ciseaux, miroirs et autres objets
de toilette.

Nous avons perdu une petite industrie qui employait, au
moyen âge, des procédés curieux pour l'époque : la fabrication
d'objets de cuir bouilli. Le *cuir bouilli* était, dès le ix° siècle,
taillé au canif et relevé en relief; au xiv°, on le *poinçonnait*,
ce qui se faisait à froid au petit fer; au xv°, on l'estampait
et l'on avait déjà le secret de l'impression humide. « La do-
« rure, l'argenture et la couleur ajoutaient beaucoup à ces
« travaux [1]. »

Trois corps de métiers avaient le privilége de travailler
aux cassettes, boîtes, écrins et étuis dont nous nous occupons
ici, les escriniers à ceux de bois, les gaîniers-fourreliers et
les doreurs, garnisseurs et enjoliveurs, à ceux de cuir. Les
escriniers avaient des statuts dès 1291 et les firent renouveler
en 1521. Les statuts des gaîniers sont consignés dans le *Livre
des Mestiers* de 1260; quatorze articles de ceux de 1560 sont
consacrés à de minutieux détails de fabrication. Les doreurs-
enjoliveurs n'ont eu de statuts qu'en 1594 : ils garnissaient
les écrins « à fusts de layettier ou de boisselier; » ils doraient
et argentaient le cuir « de toutes belles façons de moresques, »
et s'occupaient à couvrir « les coffres, boestes, estuis de toutes
« sortes de draps de soye, tant dehors que dedans, et les en-
« richir de brodures, passemens, porfilures d'or et d'argent
« fin et soye, marques, bandes, feüilles et coins d'or et d'ar-
« gent... »

L'industrie des nécessaires est véritablement la seule, de
celles bien entendu dont nous avons examiné les procédés et
les produits, qui soit portée, en France et en Angleterre, à un
degré de perfection à peu près égal. C'est là un fait digne
d'intérêt et sur lequel nous devons arrêter l'attention.

---

[1] Comte de Laborde, *Glossaire,* au mot *Cuir bouilli.*

Cette industrie présente deux branches distinctes :

La première comprend la fabrication des nécessaires dont les coffres sont faits de bois dur et ornés d'incrustations ou d'appliques de bronze, d'argent, etc. ;

La seconde comprend la fabrication des nécessaires dont les coffres, faits de bois léger ou de carton, sont recouverts de cuir de Russie, de maroquin ou d'autres sortes de cuir.

Cette dernière branche d'industrie peut être subdivisée en deux catégories nouvelles, savoir : 1° la fabrication des nécessaires de voyage, de toilette ou de bureau, etc., en un mot, des grandes pièces; 2° la fabrication des petites pièces, telles que coffrets, boîtes et sacs à ouvrage, étuis pour les fumeurs, petits nécessaires de poche et autres de ce genre.

NÉCESSAIRES RECOUVERTS DE CUIR.

GRANDES PIÈCES.

La supériorité des fabricants anglais pour les nécessaires recouverts de cuir ne saurait être contestée; il est juste de dire que l'on en fait fort peu en France.

Parmi les nombreux spécimens qui sortaient des ateliers de Londres, de Birmingham et de Sheffield, il y avait des ouvrages dont l'exécution était vraiment remarquable. MM. Th. De La Rue et Cie notamment avaient exposé une charmante collection de boîtes à papiers et à enveloppes, de nécessaires de bureau, etc. Nos fabricants ont pu y observer de bons modèles : en général les formes étaient simples, et les décors d'une sévérité qui n'excluait pas l'élégance. Nous ne pensons pas nous tromper en disant qu'on retrouvait dans ces ouvrages si bien réussis l'influence du goût parisien; mais, ce qui était tout à fait anglais, c'était la correction du travail, et la solidité qui y ajoute tant de prix.

PETITES PIÈCES.

Les nécessaires et les trousses de voyage sont fabriqués, en Angleterre, avec une rare habileté; ils sont ordinairement recouverts de cuir de Russie, et il est difficile de surpasser les fabricants anglais dans cette petite industrie. Le volume des nécessaires a été réduit d'une façon extraordinaire.

C'est en Allemagne que l'on s'occupe particulièrement de la confection des nécessaires recouverts de cuir de veau; ce que l'on fait en ce genre à Offenbach, à Stuttgard, à Wurzbourg, est, en général, cher, lourd de dessin et d'un travail ordinaire. M. Jacob Mönch, d'Offenbach, est le seul exposant qui soit digne d'être cité.

Dès qu'il s'agit d'objets qui empruntent leur principal mérite à la nouveauté de la forme, on est sûr de retrouver les fabricants français au premier rang; c'est pourquoi ils excellent dans la fabrication de ces petits nécessaires de dame, dont ils changent, presque chaque année, les dispositions et les noms. Paris avait envoyé à l'Exposition un assortiment curieux de ces ouvrages qui laissaient bien loin derrière eux, pour le prix, le goût et le fini, les imitations qui sortent des manufactures de Londres et d'Offenbach. Un fabricant de Paris, M. Schlose, avait tenu à honneur de montrer à quel degré de perfection cette industrie a été portée, et l'on eût certainement accordé encore plus d'attention à ces élégantes bagatelles, si l'on se fût rendu compte des difficultés de la fabrication, des soins et du matériel considérable qu'elle exige. La XVIIᵉ classe avait décerné une médaille de prix à la maison veuve Henri Schlose et frère pour les porte-monnaie, les porte-cigares et les autres petits articles de maroquinerie; la XXIXᵉ classe aurait, si elle n'avait pas été devancée, proposé une pareille récompense pour les nécessaires. Ces fabrications ingénieuses ont été enlevées par Paris à l'Allemagne vers 1834; elles ont reçu de feu Henri Schlose, qui les a importées, leurs principaux perfectionnements. A propos de cet homme si laborieux, citons deux faits qui donnent la mesure de l'activité et de l'intelligence des industriels parisiens. Schlose avait imaginé, en 1840, le porte-cigares de peau; ce petit objet fut très-goûté dans les colonies et les États de l'Amérique, mais il fallait l'enjoliver et varier sans cesse les enjolivements : plus de quatre mille dessins fussent composés à cette fin. Le porte-monnaie est devenu d'un usage presque général, la modicité de son prix y a beaucoup contribué, et elle n'a pu être obtenue que par une division de travail bien ordonnée : la garniture d'acier est soumise, depuis la taroche jusqu'à la dorure, à quatorze manutentions diverses, la peau en subit une douzaine, et le plus simple porte-monnaie n'est entièrement confectionné qu'après avoir passé entre les mains de vingt-deux ouvriers différents et sous douze ou quinze petites machines.

NÉCESSAIRES DE BOIS.

Les Anglais étaient, il y a une trentaine d'années, nos maîtres dans la fabrication des nécessaires de bois : ils faisaient les coffres plus solidement, la distribution intérieure était mieux entendue, les cristaux étaient plus purs, les pièces de coutellerie et les brosses mieux montées et de meilleure qualité. Aussi les nécessaires anglais acquirent une grande réputation. Cette réputation était méritée : elle eut pour effet de développer, en Angleterre, cette industrie, qui y a conservé beaucoup d'importance et d'activité. Mais, depuis quinze ou vingt ans, les Français ont fait de tels progrès, qu'ils rivalisent aujourd'hui avec les Anglais.

Nous avons dit plus haut que ceux-ci savent faire mieux que nous les nécessaires recouverts de cuir de Russie ou de maroquin; il n'en est plus de même pour les nécessaires de bois. Nous sommes égaux aux Anglais pour la solidité des coffres, la belle qualité des pièces, l'exécution correcte, le fini du travail; nous leur sommes supérieurs pour la distribution, l'incrustation, la gravure et le goût; enfin nos prix sont de vingt pour cent environ au-dessous des leurs.

Il est facile de motiver ces assertions.

Les coffres anglais sont faits le plus souvent de bois d'acajou ou de palissandre massif, ils sont lourds et sujets à se fendre. Les angles sont entaillés pour recevoir des cuivres trop étroits et fixés par des vis, ce qui laisse à désirer pour la solidité. Les coffres français sont plaqués sur du bois de chêne ou de tilleul, qui est assemblé à queue d'aronde; ils portent des ferrures de longueur et sont garnis sur les bords d'épaisses lames de cuivre, reliées aux angles par des agrafes de cuivre fondu. Ces coffres sont légers et résistent cependant aux chocs les plus violents.

Les incrustations de bois ou de nacre des coffres anglais sont en général de mauvais goût, mal découpées et mal posées; les appliques de bronze doré sont lourdes. La gravure des pièces d'argent est plus soignée, mais les dessins se rapportent toujours au genre *rocaille,* qui date déjà de vingt ans, et la composition en est peu variée. En France, les ornements ont un cachet d'originalité et de distinction; dessins, découpures, appliques, enjolivements, tout est net, bien détaché et d'un bon style.

La distribution est aussi mieux comprise chez nous. La forme et la grandeur des pièces sont calculées de façon à ce que l'usage de ces pièces et du nécessaire lui-même soit facile, à ce que le plus grand nombre d'objets utiles soit contenu dans le plus petit espace. Sur ce point, on a pris de bonnes idées à nos voisins; et c'est depuis peu d'années que les nécessaires de Paris sont plus complets et plus commodes que ceux de Londres.

Quant au guillochis et au *poli avivé*, l'un et l'autre sont aussi parfaits que possible. Nos guillocheurs rivalisent avec ceux de Genève et nos polisseuses avec celles de Birmingham et de Sheffield.

Quelques-uns de nos cristaux sont un peu moins beaux que ceux des Anglais, mais la taille et le poli sont irréprochables. Les flacons anglais sont bouchés avec des dés à charnière, genre de fermeture qui serait parfait, s'il ne coûtait très-cher; en France, on emploie généralement le bouchon de cristal à l'émeri, recouvert d'un dé à contre-vis.

Notre coutellerie fine soutient très-bien la comparaison avec celle de Sheffield, et un juge fort difficile, M. Mechi, a donné des éloges à la qualité et à la façon des pièces qui garnissaient les nécessaires de MM. Audot et Aucoc. Notre brosserie percée et chevillée est la meilleure qui se fasse en Eu

rope : les brosses de M. Laurençot sont recherchées à Londres,
à Saint-Pétersbourg, à New-York, à Rio-Janeiro. Nos peignes
d'écaille et d'ivoire ne craignent aucune concurrence étrangère ;
la supériorité de ceux de M. Fauvelle-Délebarre et de M. Massuë ne fait plus doute. Nous n'avons, même pour les serrures
et les charnières, rien à envier aux Anglais.

En examinant ainsi les détails, on reconnaît qu'il y a réellement, à prix égal, beaucoup plus de travail, de soin, nous
ne parlons plus du goût, dans les nécessaires français. Pour
l'invention et pour le prix, l'avantage reste encore à la France :
ainsi l'on doit à M. Aucoc et à M. Tahan des formes et des dispositions nouvelles ; M. Audot a imaginé un couvercle qui
peut servir de pupitre, et a fait une heureuse application de
la nielle et de la damasquinure à l'ornementation des pièces
d'orfévrerie.

M. Edwards est, sans contredit, le premier des fabricants
anglais ; il avait exposé trois nécessaires *parfaits,* mais d'un
prix très-élevé. Le nécessaire pour homme, composé de 43
pièces, dont 16 d'argent gravé et guilloché pesant 1,426 grammes, coûtait 90 liv. sterl. (2,250 francs). On peut y comparer
un nécessaire de M. Audot, avec couvercle à pupitre et cristaux
taillés à balustre, qui était composé de 50 pièces, dont 13 d'argent niellé pesant 870 grammes, le prix était de 1,175 francs.
Le nécessaire pour dame de M. Edwards comprenait 29 pièces
dont 11 d'argent doré et gravé (1,116 grammes d'argent et
310 grammes d'or), il valait 4,000 francs. Bien que des soins
extrêmes aient été apportés à la fabrication du coffre et de son
contenu, nous ne voyons pas d'où vient la différence énorme de
prix qui existe entre ces ouvrages et ceux de nos fabricants les
plus renommés, car le magnifique nécessaire d'ébène incrusté
que M. Audot a fait pour la princesse W... ne coûtait que
2,700 francs, et cependant il renfermait 70 pièces, dont 29
d'argent gravé et guilloché[1]. M. Audot avait exposé un autre

---

[1] Il y avait 4,594 grammes d'argent au premier titre (950 millièmes de
fin).

nécessaire, composé de 52 pièces, qui n'était aussi que du prix de 1,500 francs : le coffre était incrusté, le couvercle formait pupitre ; les cristaux étaient taillés à torsade ; 16 pièces étaient d'argent émaillé, doré, gravé et guilloché, et il y était entré 935 grammes d'argent au premier titre.

Toutes choses égales d'ailleurs, les nécessaires de Paris coûtent 20 p. o/o moins cher que ceux de Londres ; il n'est pas inutile d'ajouter que l'argent que l'on emploie en France est à un titre plus fin.

Nos fabricants de coffrets et de petite ébénisterie de fantaisie n'ont pas aujourd'hui de rivaux ; cette charmante petite industrie est inconnue des Allemands, et les Anglais ne la comprennent pas. Ils ne savent pas faire des objets de fantaisie dont le cachet d'art et d'élégance est le mérite principal, et le peu d'ouvrages de ce genre qui sortent de Londres n'ont de prix que par la matière ou par un fini d'exécution poussé jusqu'à la minutie. Ce qui se fait à Paris est de plus de moitié moins cher, tout en étant de meilleur goût et d'un effet plus séduisant. Ainsi M. W. LEUCHARS avait exposé une boîte de Boule ovale qu'il offrait à 30 liv. sterl. (750 francs), et M. TAHAN demandait 260 fr. d'un coffret de Boule, de pareille dimension et d'un beau style, dont la marqueterie et la gravure étaient plus fines et dont le travail d'ébénisterie avait présenté des difficultés.

M. Tahan a produit à l'Exposition d'autres preuves de l'excellence de sa fabrication ; la XXVI° et la XXIX° classe lui ont décerné chacune la médaille de prix, et c'est par erreur que le nom et la récompense de M. Tahan ne figurent pas dans le rapport de la XXIX° classe.

M. AUCOC et M. AUDOT ont été jugés dignes l'un et l'autre de la médaille de prix par la XXIII° et la XXIX° classe. Cette double distinction est justifiée par le double mérite de ces exposants comme orfèvres et comme fabricants de nécessaires. Leurs ouvrages ont fait grand honneur à la France. M. LAURENT n'est qu'ébéniste-coffretier, mais il occupe un des premiers rangs dans cette branche d'industrie.

MM. Edwards et Leuchars, de Londres, ont obtenu aussi la médaille de prix.

Tout en jugeant que nos compatriotes l'emportent, pour l'ensemble de la fabrication, sur ces rivaux honorables et renommés, nous devons signaler le rare degré de perfection que MM. Edwards et Leuchars apportent dans leurs produits: il est difficile de faire mieux.

OBSERVATIONS GÉNÉRALES SUR L'INDUSTRIE DES NÉCESSAIRES.

La fabrication anglaise et la fabrication française sont très-avancées et assez différentes l'une de l'autre. Il a fallu un examen scrupuleux des procédés, des formes, des ornements, des détails de la distribution et de la garniture, pour arriver à donner, en tenant compte du prix, la préférence aux nécessaires de Paris.

L'industrie des coffres, des articles de maroquinerie et de gaînerie occupait, en 1847, à Paris, environ 2,800 personnes, et la production était alors de près de 9 millions.

La fabrication des nécessaires et des coffrets était exercée par 158 entrepreneurs qui employaient 980 ouvriers, savoir : 882 hommes, 30 femmes et 68 jeunes garçons. Le chiffre total des affaires était de 3,877,450 francs pour 1847, et il ne fut que de 1,240,780 francs en 1848.

La plupart des ouvriers (80 sur 100) travaillent en atelier, et 95 sur 100 savent lire et écrire; le salaire des hommes était alors de 2 à 7 francs par jour, et, en moyenne, de 3 fr. 70 c.; celui des femmes était de 1 fr. à 2 fr. 50 c., et, en moyenne, de 1 fr. 75 cent.

Les porte-monnaie, portefeuilles, petits nécessaires de cuir, coffres à argenterie, écrins et autres articles de maroquinerie et de gaînerie étaient fabriqués à Paris, en 1847, chez 243 entrepreneurs, par 1,407 ouvriers, savoir: 847 hommes, 377 femmes, 169 jeunes garçons et 14 jeunes filles. Le chiffre des affaires, de 5,087,040 fr. en 1847, tomba à 1,777,015 francs en 1848. Un grand nombre d'ouvriers (84 sur 100) travaillent en atelier; la plupart savent lire et écrire, sont assidus au travail et

rangés. Les hommes gagnent de 1 fr. 25 cent. à 6 fr. 50 cent.
par jour; mais la moyenne du salaire des maroquiniers est de
3 fr. 80 cent., celle des gaîniers n'est que de 3 fr. 65 cent. Il
en est de même pour les femmes, dont le salaire varie de 1 fr.
à 2 fr. 50 cent.; la moyenne est de 1 fr. 70 cent. pour les ouvrières en maroquinerie et de 1 fr. 50 cent. pour les ouvrières
en gaînerie.

On faisait, en Angleterre, dans le XVIᵉ siècle, un grand nombre
d'étuis à peignes et miroirs; quelques coffrets de ce temps
étaient distribués de façon à recevoir aussi des flacons d'eaux
de senteur et de pommades ou de petites cassolettes d'argent
rondes. Sir John Alee offrit, en 1562, à la reine Élisabeth
comme présent de nouvelle année, un coffret de bois sculpté,
peint et doré, qui contenait des peignes, des miroirs et de
ces cassolettes à parfums.

C'est principalement dans les vingt dernières années que
la fabrication des nécessaires de cuir a fait le plus de progrès
en Angleterre. L'usage qui a prévalu chez nos voisins, de
donner en cadeau des nécessaires, explique la richesse, la
perfection et le haut prix de beaucoup de ces ouvrages. Cette
branche d'industrie, dans laquelle Londres a une supériorité
reconnue, est exercée par un petit nombre d'ouvriers, 468
hommes et 250 femmes. La plupart des nécessaires de prix
sont exécutés à Londres; 308 hommes et 20 femmes sont
employés dans cette ville. Les nécessaires les plus communs
et les bons étuis à rasoirs sortent d'ateliers de Sheffield, où
travaillent 47 hommes et 200 femmes, que l'on dit très-habiles. Enfin 50 ouvriers et 30 jeunes filles sont occupés, à Birmingham, à la fabrication d'ouvrages ordinaires. Il est bien
entendu qu'il n'est ici question que de nécessaires de cuir.

CARTONNAGES DE FANTAISIE.

Les cartonnages de fantaisie ayant été examinés et jugés
par la XVIIᵉ classe, nous nous bornerons à en dire quelques
mots.

Cette industrie est tout à fait moderne et n'existe, à vrai dire, qu'à Paris; car on ne saurait, en aucune façon, comparer les ouvrages qui sortent des ateliers de Mme veuve Mayer, par exemple, avec ceux que l'on fait à peu près en ce genre à Londres et à Berlin.

Cette fabrication a acquis de l'importance, notamment dans les vingt dernières années : en 1847, on comptait, à Paris, 367 fabricants de cartonnages, qui occupaient 2,169 ouvriers, hommes, femmes et enfants, et faisaient pour 5,376,000 fr. d'affaires. Les cartonnages de fantaisie figurent, dans cette somme, pour 2,600,000 francs. Tous ces chiffres sont dépassés aujourd'hui.

On est arrivé, dans cette fabrication, à toute la perfection qu'elle comporte.

Plusieurs branches d'industrie, importantes par elles-mêmes, sont jointes souvent à la fabrication des cartonnages et forment ensemble une exploitation unique qui est concentrée dans un même lieu et gouvernée par une seule main. C'est ainsi que l'on trouve réunis (chez Mme veuve Mayer, par exemple) un cabinet de dessinateurs, des ateliers pour la confection de cartonnages et de papiers dentelle, pour la découpure, la gaufrure et la dorure, pour la coloration du papier, l'enluminure et la vernissure, enfin, pour l'impression en noir et en couleur, etc. Il faut, en outre, employer au dehors des graveurs, des imprimeurs, des découpeurs, des fleuristes, des brodeuses, des passementières, des coloristes, des ouvrières en bimbeloterie, etc.

Depuis l'élégante corbeille de mariage et les beaux coffrets d'étrennes jusqu'aux boîtes à mouchoirs, à gants, à bijoux, à agrafes, chaque modèle peut être exécuté en toutes grandeurs et avec les enjolivements les plus variés. Ce n'est pas une des moindres difficultés que de savoir tirer parti de matériaux toujours les mêmes, d'un outillage nécessairement restreint et de mains adroites, mais souvent rebelles, pour produire aussi vite et à aussi bas prix les ouvrages les plus jolis et les plus variés.

L'exposition de Mme veuve T. **Mayer** faisait comprendre ce qu'il faut de goût et de soins, de vivacité dans la conception et de vigueur dans la direction, pour conduire une entreprise aussi difficile. Il ne suffit pas d'administrer une fabrique, il faut créer, chaque année, des modèles nouveaux, approprier les sujets, les dessins, les ornements, les devises, les couleurs aux destinations, aux circonstances, à la mode du jour, aux tendances de l'esprit public. En toutes ces choses, Mme Mayer excelle. Il y a à côté d'elle, à Paris, des fabricants également habiles et intelligents, dont les produits, pour être un peu moins estimés, n'en sont pas moins recherchés dans toutes les parties du monde.

FLEURS ARTIFICIELLES.

HISTOIRE.

Les fleurs ont servi, dès les temps les plus reculés, à la toilette et à la décoration ; elles offrent en effet les modèles les plus variés et les plus élégants. Les guirlandes, les couronnes, les bouquets de fleurs et de feuillages étaient aussi communément employés chez les Égyptiens et les Hindous que chez les Grecs et les Romains. Ces gracieuses parures n'étaient pas réservées pour les cérémonies sacrées et les fêtes; leur usage était général.

Mais la fraîcheur des fleurs, comme leur floraison, est de si courte durée, que l'on a songé de bonne heure à recourir à l'imitation pour conserver toute l'année ces ornements délicats.

Les anciens Égyptiens connaissaient l'art de faire les fleurs artificielles. On en a découvert dans les tombeaux de Thèbes; elles étaient faites de toile de lin de couleur. Cette petite industrie existait également dans l'ancienne Rome. Pline décrit ces imitations fidèles, que l'on appelait *fleurs d'hiver* et *fleurs égyptiennes*. Les dames romaines plaçaient des fleurs d'or dans leurs cheveux. Elles portaient, pendant les repas et dans les temples, des couronnes composées souvent de fleurs artificielles; les unes étaient formées de fleurs parfumées faites de soie, d'après des dessins indiens, les autres, de branches et de feuilles d'or. Parfois des bandelettes d'écorce de papyrus tournées et nouées formaient le corps de la couronne qu'embellissaient des feuilles de palmier en argent[1].

La fabrication des fleurs artificielles est très-ancienne dans l'Inde; ces fleurs étaient estimées à Rome, et on les y imitait.

Il n'est fait mention, dans les livres chinois, des fleurs artificielles, que vers le IIIe siècle de l'ère chrétienne. Le *Kou-kinn-tchou* rapporte un décret de l'empereur Chi-Hoang-ti, qui ordonne aux femmes du palais de réunir leurs cheveux en touffes et d'y attacher des fleurs artificielles de cinq couleurs. On a des renseignements assez précis sur la nature de ces imitations dans le cours du Xe siècle. Ainsi, sous les Tchéou postérieurs (951 à 960), il fut enjoint aux dames du palais de faire des fleurs de pêcher avec des feuilles de mica, et de s'en parer lorsqu'elles devaient manger à la table de l'empereur, et celui-ci promettait sa faveur à la dame dont les fleurs seraient les plus belles. On imita les fleurs de pêcher jusqu'au jour où des fleurs de prunier, détachées par le vent, tombèrent sur la joue de la princesse Cheou-yang; plus tard, on remplaça les fleurs artificielles par des poissons faits de fils de soie que l'on appelait *yu-meï-tse* (grâces de poissons). C'est à cette époque (dans la période Chun-hoa des Soung, 990-995) que les femmes et les jeunes filles de Pé-king ornaient leur visage de petits ronds de papier noir luisant[2]. Le *Tchin-ouann-khao* nous a conservé le nom d'un fabricant renommé de la province de Kiang-nann, Kien-yang de Wann-ki, qui vivait au XIe siècle. Il faisait des fleurs de l'arbre à thé, satinées et d'une grande vérité. Les dames de la cour qui ornaient de fils d'or le contour de leur visage, portaient au haut du front un bouquet de ces fleurs[3].

---

[1] *Sabine*, par C. A. Bœttiger; trad., p. 140 et suiv.

[2] Nous devons la traduction de ces curieux extraits de livres chinois à M. Stanislas Julien, de l'Institut.

[3] Extrait du *Tchoang-taï-ki*, ou Mémoire sur la table de toilette.

Lorsque, en 645, Hiouen-thsang arriva à Si-ngan-fou rapportant de l'Inde les livres sacrés et les statues du Bouddha, des fleurs d'or « d'un éclat éblouissant » ajoutaient à la pompe du cortége [1].

Dès le xiiie siècle, il était permis, aux docteurs nouvellement reçus, de porter pendant trois jours une fleur d'or de chaque côté du bonnet.

L'usage des fleurs naturelles ou artificielles dans la coiffure est, notamment depuis le xiiie siècle, presque universel en Chine [2]. Au nord comme au midi, il n'est femme si pauvre ou si vieille qui n'ait des fleurs dans les cheveux.

Cette coutume est peu répandue au Japon [3], et nous n'avons pas non plus vu à Touranne, en Cochinchine, les fleurs servir à la coiffure des femmes ; mais le goût de ces parures de fleurs est général dans les Indes, au Brésil et dans l'Amérique du Sud.

Les missionnaires ont fait connaître le mode de travail et le degré d'habileté des ouvriers de Pé-king au xviiie siècle. On trouve une note sur ce sujet dans les *Mémoires concernant les Chinois* (tome II, pages 456 à 458). « La consommation prodigieuse des fleurs artificielles, y est-il dit, et leur bon marché, « vont au delà de tout ce que nous en oserions dire. Quant au « bon marché, il n'y a pas exagération à dire qu'elles coûtent « moins que les fleurs naturelles les plus communes ne coûtent en France [4]. » On les faisait alors (vers 1775) « en plusieurs « especes de soieries dont quelques-unes étoient tissues exprès « et uniquement pour cet usage, » en cocons de vers à soie, en papiers différents, en moelle de *toung-tsao* [5], en fils de soie et de

---

[1] *Histoire de la vie de Hiouen-thsang.* Trad. de Stanislas Julien, p. 296.

[2] Il n'en est pas fait mention dans le *Chi-king*, recueil d'odes antérieures au vi^e siècle avant notre ère, fait par Confucius. Sir G. Staunton et De Guignes citent cet usage.

[3] Voyez les planches du *Yo-san-fi-rok*, l'art d'élever les vers à soie au Japon, par Ouekaki-Morikouni, traduit du japonais par J. Hoffmann, et celles du roman japonais, *Les quatre écrans*, édition Pfizmaier.

[4] Nous avons acheté nous-même en 1845, à Ting-haï, de petits bouquets de fleurs faites de moelle de *toung-tsao*, au prix de 5 centimes pièce.

[5] Le *toung-tsao* a été rapporté par sir W. Hooker au genre *aralia* et porte le

fleuret, en plumes d'oiseaux, en jade, en porcelaine, en agate, en corail, en nacre et en coquilles. Dans cette industrie, comme en tant d'autres, les Chinois ont devancé les Européens : « Ce qui nous frappa le plus, écrit l'un des pères « de la mission de Pé-king, fut la manière dont les ouvriers « taillent leurs différentes espèces d'etoffes de soie, leur font « prendre la forme qu'ils veulent avec des fers chauds et des « moules, et puis en varient les couleurs à leur gré. Ce qui « sort de leurs mains est si fini, que l'empereur Kang-hi défia « une fois le père Parennin de distinguer, entre divers pieds « d'orangers qui etoient dans la salle, les naturels des arti- « ficiels[1]. »

On fait aussi, en Chine, beaucoup de fleurs artificielles de papier, de moelle ou de clinquant, destinées à orner les autels et les images sacrées qui sont placées dans les temples, les maisons et les magasins[2].

Au Thibet, on fait, en beurre, pour le jour de la *fête des fleurs*, des imitations de fleurs, et le père Huc rapporte que ce qu'il vit, en ce genre, à la lamaserie de Kounboum était « admirable par la délicatesse des formes et du coloris. » (Tome II, p. 100.)

En Espagne et en France, aussi loin du moins qu'il nous a été possible de remonter, on voit les fleurs naturelles et artificielles servir à la décoration des autels et à l'ornement des tables.

En France, l'usage de porter des *chappels* ou couronnes de

---

nom spécifique de *papyrifera*. La moelle de la tige a de 1 cent. 1/2 à 3 centimètres de diamètre; elle est découpée circulairement, et les feuilles obtenues sont rendues planes par une pression de quelques heures. Il y a de ces feuilles qui ont 30 centimètres sur 22; mais celles qui servent à la fabrication des fleurs n'ont que 9 centimètres carrés, et, en 1850, coûtaient, à Canton, en blanc, 3 fr. 25 cent. le mille. On trouve dans le *Recueil des lettres édifiantes* une lettre du père d'Entrecolles, qui renferme de curieux détails sur la manière de découper la moelle du *toung-tsao*, et d'en faire des fleurs, des fruits et des papillons.

[1] *Mémoires*, t. II, p. 158.
[2] N. Rondot : *Exportations de la Chine*, pages 119 et 120.

fleurs *naturelles*, surtout de roses[1], fut général pendant les premiers siècles du moyen âge; il y avait, à Paris, une corporation de *chapeliers de fleurs*[2], mais cette mode charmante avait disparu dès le xıve siècle.

L'art de les faire, dans lequel les Romains ont excellé, paraît n'avoir jamais été perdu en Italie, et l'on s'accorde à dire qu'il nous est venu de ce pays. On y faisait des fleurs avec des plumes, du parchemin, de la forte toile gommée, du clinquant, et surtout des cocons de vers à soie; cette dernière matière était généralement préférée en raison de sa demi-transparence, de son fin duvet, de sa solidité, et parce qu'elle prenait bien la teinture. Toutes ces fleurs étaient découpées avec des ciseaux. Bologne était renommé, au commencement du xvıııe siècle, pour des lis, des fleurs d'oranger, des tubéreuses dont les pétales étaient d'argent, les étamines, les pistils et les feuilles de vermeil[3]. Les bouquets de fleurs d'argent que l'on faisait à Venise pour les fiancées n'étaient pas moins recherchés.

A la fin du xvııe siècle, à Naples, on savait donner aux fleurs artificielles le parfum des fleurs naturelles; le secret consistait à cacher au fond du calice un peu de sucre imprégné d'huile essentielle. Les Égyptiens et les Romains étaient arrivés, dans ces imitations de parfums naturels, à une grande perfection.

On imagina également, au xvııe siècle, d'employer la chenille et de petits rubans de soie; dans la haute Italie, à Gênes notamment, au milieu du xvıııe siècle, on faisait, avec de très-fine batiste, une foule de jolies fleurettes que l'on coloriait au pinceau. On conserve encore des bouquets de cette époque, qui étaient presque tous faits et montés par des religieuses ou des demoiselles de qualité.

---

[1] Ces *chapeaux de fleurs*, comme on les appelait, étaient tout simplement des couronnes de verdure ou d'herbe, auxquelles s'adaptaient des nœuds ou bouquets de fleurs (Depping).

[2] *Règlemens sur les arts et métiers de Paris*, rédigés au xıııe siècle, pages 246, 247, 248.

[3] *Voyages du P. Labat en Espagne et en Italie*, t. II, p. 248.

3.

C'est à Lyon que la fabrication des fleurs a commencé en France; elle fut plus tard apportée à Paris. Pendant un assez long temps, de même qu'en Italie et en Espagne, elle fut exercée principalement dans les couvents de religieuses, et ces fleurs, faites de parchemin ou de papier, doré ou colorié, étaient destinées à parer les autels; les communautés vendaient aux marchands merciers une grande partie de celles qu'elles confectionnaient. Sous Henri IV, cette industrie avait acquis assez d'importance pour qu'il devînt nécessaire de la mentionner dans les règlements des corps de métiers. Il est dit, dans des statuts qui portent la date de février 1599, que « les maistres « plumassiers, panachers, bouquetiers et enjoliueurs de Paris » pourront seuls faire, entre autres « ornemens de teste, » des guirlandes de fleurs, teindre « les bouquets de fleurs pour « mettre sur les autels des églises, sur les buffets, et sur les lits « des personnes de condition, les enrichir et les enjoliuer d'or « ou d'argent fin ou faux... . »

Le privilége de la façon et de la vente des bouquets de fleurs naturelles ou artificielles fut également concédé aux bouquetières-chapelières en fleurs par des lettres patentes du 21 août 1677 ; un siècle plus tard, la fabrication fut attribuée, par édit d'août 1776 et lettres patentes du 1ᵉʳ février 1784, aux faiseuses et marchandes de modes plumassières. Le fleuriste de la reine Marie Antoinette était Wenzel.

En Italie, les fleurs artificielles ont été appliquées assez tard à la toilette; elles étaient, par leur dimension et leur nature, plus propres à la décoration. On a commencé à en porter dans le XVᵉ siècle, peut-être avant; mais leur usage ne s'est répandu que quand on a su les faire légères et mignonnes. Il en fut de même en France, où les premières fleurs employées à la parure venaient de l'Italie et de la Chine. Nos faiseuses de modes d'alors frisaient et plissaient avec des fils de laiton des rubans de diverses couleurs pour leur faire prendre les contours et la forme des fleurs; elles se servirent ensuite des plumes, et bientôt, à la fin du XVIIᵉ siècle, les procédés italiens furent apportés à Lyon et perfectionnés. Les fleurs françaises

commencèrent à prendre faveur : on les distingue fort bien
sur les portraits du temps; elles étaient roses, bleues ou
blanches, toujours sans feuillage, et ne ressemblaient à aucune espèce connue. Ce n'est véritablement que depuis quarante ans environ que l'usage des fleurs artificielles s'est généralement répandu et que ces charmants accessoires embellissent
les plus modestes toilettes et les plus riches parures.

FABRICATION ET COMMERCE EN FRANCE.

Nous avons dit plus haut que l'usage de porter des chappels
ou couronnes de fleurs était général au moyen âge; il est bien
difficile d'admettre que les fleurs artificielles ne fussent pas
alors connues, et que, pour l'hiver, l'art ne suppléât pas la
nature. Nous ne connaissons que quatre passages où il soit
question de fleurs artificielles, mais ces fleurs étaient d'or[1].
Brantôme parle « d'un rameau de victoire, tout esmaillé de
« verd; » il est certain que, depuis un siècle au moins, on faisait, en France, des fleurs avec les cocons et le parchemin.

A Lyon et à Paris, le procédé de fabrication et les matériaux
furent à peu près les mêmes qu'en Italie jusqu'au commencement du xviii° siècle. Toutes les fleurs étaient découpées avec
des ciseaux. A Lyon, les cocons étaient employés de préférence;
à Paris, on se servait le plus ordinairement de papier, de parchemin et de toile. On travaillait également, à l'instar des
Italiens, avec la chenille, les rubans, la soie floche et l'argent
en feuilles. Enfin, on enjolivait les bouquets avec des perles
fausses et des fils d'or ou d'argent.

En 1708, un sieur Seguin, natif de Mende en Gévaudan,

---

[1] 1351. — « Pour un chappel de bièvre, . . . couvert par dessus d'un rosier,
« dont la tige estoit guippée d'or de Chippre et les feuilles d'or soudi. . . .
« et par les costez avoit ij grandes quintefeuilles d'or soudi. . . . » Du Cange,
au mot *Capellus.*

1352. — « . . . De grans quintes feuilles d'or soudé, treillié d'or de
« Chippre par dessus et dessoubz . . » De Laborde, au mot *Chappel.*

1380. — « Un rosier d'or. . . . »

1467. — « Ung arbre d'or, en maniere d'un rosier. . . » De Laborde, au
mot *Rosier.*

vint s'établir à Paris et s'y livra à la fabrication des fleurs artificielles. Il savait un peu de botanique, était adroit et s'appliqua à reproduire scrupuleusement la nature. Il apporta de grands soins à la teinture et au coloriage, diversifia habilement les matériaux selon les fleurs, imita les fleurs chinoises avec la moelle de sureau, et fit, dans le goût italien, des fleurs à feuillage d'argent qui eurent longtemps la vogue. Il fallut à Seguin beaucoup de persévérance et d'activité, et surtout la protection de quelques seigneurs, pour vaincre les obstacles que lui opposèrent plusieurs corps de métiers. Seguin employait ordinairement les coques de vers à soie, les toiles et le parchemin.

Vers 1770, un Suisse, dont on ignore le nom, eut l'idée d'appliquer l'emporte-pièce à cette fabrication; il inventa le fer à découper. Le gaufroir gravé fut imaginé bientôt après. L'article 3 des statuts de 1784 fait connaître les procédés et les matériaux du temps. « Elles (les faiseuses de modes) pour- « ront seules, y est-il dit, se servir, pour tous ces dits ouvrages « (les fleurs artificielles), de toutes sortes d'emporte-pièces, « gauffroirs unis et gravés, presses, balanciers et autres outils « destinés aux dits ouvrages. . . . . Elles pourront pareillement « tenir chez elles les batistes, toiles et autres étoffes néces- « saires pour la fabrication des fleurs. . . . . »

On ne se servait guère, en France, vers 1780, que de batiste et de taffetas : de batiste pour les fleurs; de taffetas de Florence pour les feuilles. La batiste était teinte, calandrée et pressée; le taffetas était teint, lustré avec de la gomme arabique et velouté avec une eau d'amidon colorée. La batiste avait remplacé la gaze d'Italie[1].

En Italie, à la même époque, la fabrication était encore exercée principalement dans les couvents. On y employait, pour les fleurs, les cocons, les rubans, le voile ou la gaze, et des plumes prises sous l'aile de jeunes pigeons. Les feuilles étaient faites de taffetas ou de parchemin.

---

[1] *Encyclopédie méthodique*, Manufactures, arts et métiers, t. 1, p. 251.

On cousait alors avec du fil de soie toutes les parties des fleurs; il n'y avait que les fleurs de cocons qui fussent collées.

C'est ici le lieu de faire mention d'un livre qui fut publié en 1790 sous ce titre : « Projet d'établir en France une ma-« nufacture de végétaux artificiels, qui doit occuper utilement « dans l'enceinte de Paris environ quatre mille femmes, d'a-« près les nouveaux procédés de T. J. Wenzel. » Ce prospectus annonce que Wenzel a trouvé « les moyens de représenter la « nature telle qu'elle est; » mais il se tait sur les procédés. Un seul passage a de l'intérêt: « Il faut pour une seule rose plus « de trente outils différents..... Ajoutez que ces outils ont be-« soin d'être renouvelés presque tous les ans, pour le peu « qu'on soit jaloux d'approcher de la perfection. Ainsi, sui-« vant les procédés actuels, la multiplicité des outils, la len-« teur de leur fabrication, leur prix excessif, la nécessité de « les renouveler fréquemment, sont autant de causes de la « cherté prodigieuse des fleurs artificielles. »

Sous l'Empire et sous la Restauration, quelques fabri cants (notamment Nattier et Baton) parvinrent, par leur ha bileté, leur goût et leurs soins, à surmonter, mais non pas à supprimer les difficultés qui s'opposaient à l'essor de cette industrie. Ces progrès, que tant d'efforts n'avaient pu amener, la division du travail a permis de les accomplir en peu d'an-nées.

Il y a vingt-cinq ans, chaque fabricant devait faire tout dans son atelier : outils, teinture, apprêts, monture et tous les genres de fleurs.

A partir de 1826, chaque branche de la fabrication est de venue l'objet d'une industrie particulière. La fabrication et la gravure des emporte-pièce et des gaufroirs, — la prépara-tion et la teinture des papiers et des étoffes, — la fabrication des apprêts, c'est-à-dire de toutes les parties des plantes, — celle des feuillages, — l'assemblage et la monture, — toutes ces branches, désormais distinctes, furent exercées par des industriels et des ouvriers spéciaux. On est allé plus loin en core : parmi les fleuristes, les uns ne s'occupent que des fleurs de fantaisie pour la toilette, d'autres que de celles pour l'ornement; plusieurs exécutent seulement les fleurs destinées aux études de botanique, ou bien celles qui trouvent leur emploi dans les décorations publiques. Il en est qui s'attachent exclusivement à la fabrication de fleurs, soit d'une seule espèce, soit d'une même couleur : ceux-ci font les roses, ceux-là, les fleurs d'oranger; d'autres, les fleurs bleues ou les fleurs blanches, etc. Enfin, les *feuillagistes*[1] eux-mêmes forment aujourd'hui plusieurs catégories; car les feuillages pour l'étude, les feuilles mordorées, les feuilles vertes ordinaires, etc., sortent d'ateliers différents.

Il y a peu d'industries où la division du travail ait donné, en aussi peu de temps, des résultats aussi complets. On est parvenu à un degré de perfection tel, qu'il est parfois impossible de distinguer les fleurs artificielles des fleurs naturelles. Mais, pour en arriver là, qu'il en a coûté d'ingénieux travaux! combien il a fallu d'essais, de recherches variées, de patientes études! Pas un détail de fabrication qui n'ait été maintes et maintes fois perfectionné; pas un organe de fleur qui n'ait été scrupuleusement observé et reproduit. On a été jusqu'à créer des étoffes nouvelles pour les divers feuillages, pour les bruyères, etc ; on a fondu et gravé, pour chaque feuillage, un outillage spécial, et il n'est pas jusqu'au papier que l'on ne fabrique particulièrement selon l'emploi auquel il est réservé. Angoulême fournit les papiers coquille pour les fleurs et les feuilles; Ambert, les papiers serpente pour les tiges des plantes. Enfin, on a limité la tâche de chaque ouvrier de façon à obtenir de lui le plus haut degré d'habileté et de promptitude, et l'on en est venu à ce point, que, pour faire même une rose simple, il faut huit ou neuf espèces différentes d'apprêts, et, pour assembler ceux-ci, dix opérations distinctes.

En même temps que ces progrès s'accomplissaient dans la fabrication proprement dite, des progrès non moins remar-

---

[1] On appelle *feuillagistes* les fabricants qui ne font absolument que les feuillages artificiels.

quables donnaient une importance nouvelle à l'industrie de la monture. Nous aurons occasion d'en parler plus loin, et nous devons nous borner à dire ici que l'art merveilleux et le bon goût qui concourent à la mise en œuvre des fleurs rehaussent singulièrement leur élégance et leur beauté.

La comparaison des prix des fleurs artificielles, à diverses époques, offrirait peu d'intérêt. Les fleurs sont un objet de fantaisie et de luxe, et les efforts ont naturellement tendu à l'amélioration de la forme plutôt qu'à l'économie de la fabrication. Cependant, il n'est pas inutile de faire remarquer que l'invention des fers à découper et à gaufrer a réduit de beaucoup le prix des fleurs, et que, par le fait de la division du travail, la plupart de ces charmants produits sont livrés au commerce à un bon marché extraordinaire.

Les matières premières employées habituellement dans cette industrie sont les suivantes : la cire et la gomme, le papier et la soie, pour les pistils, les étamines, les ovaires, certains boutons, c'est-à-dire une partie de ce qu'on appelle les *apprêts;* le taffetas, le satin, la gaze et le gros de Naples, les velours de soie ou de coton, la mousseline et la batiste, la gélatine en feuilles, la colle de poisson, le papier coquille, les plumes, la moelle de l'*aralia papyrifera,* pour les folioles des fleurs; la percale et le jaconas, le papier coquille, les plumes et la cire, pour le feuillage; les fils de fer ou de laiton, la baleine, le papier serpente, la soie, pour les tiges et les montures; enfin la cire, la gélatine en feuilles, les bulles de verre, pour les fruits en grappes.

L'industrie des fleurs artificielles est à peu près concentrée à Paris. Elle y était exercée, en 1847, par 622 fabricants, qui occupaient 433 hommes et jeunes garçons, coupeurs, découpeurs, gaufreurs, trempeurs; et 720 femmes et jeunes filles, presque toutes monteuses. Le chiffre total des affaires de ces industriels s'est élevé, pour l'année précitée, à 11,056,000 fr. [1]

La majeure partie de ces fabricants sont *monteurs.* Il n'est

---

[1] *Statistique de l'industrie à Paris,* page 797.

besoin, pour la monture, d'aucune machine, d'aucun outil, et
le capital le plus modeste suffit pour les premières avances.
Tout au contraire, les fabricants d'apprêts doivent être appro-
visionnés de matières premières, avoir des assortiments de
leurs produits toujours prêts, disposer d'un matériel considérable pour la découpure et la gaufrure. Chaque jour leur outillage s'augmente, et ils le perfectionnent sans cesse. Il ne
leur est possible d'apporter une économie notable dans la
production qu'en usant de puissants moyens mécaniques. A
côté de ces industriels importants se trouvent de petits fleuristes ou feuillagistes, qui s'attachent chacun à une spécialité,
et y acquièrent une grande habileté.

Le monteur prend, chez les uns et les autres, d'une part,
soit les fleurs déjà faites, soit les pétales, étamines, pistils,
ovaires, qui servent à les former; d'autre part, les feuilles
diversement colorées, les tiges, les vrilles, les boutons, les
épis, les graines, les fruits, etc. Pour assembler toutes ces
parties et en former une branche fleurie, qui soit une imitation de la nature à la fois vraie et élégante, il faut une aptitude toute particulière, et cette aptitude, nul ne la possède
à un si haut degré que l'ouvrier parisien. Mais ce n'est pas
tout encore : ces branches fleuries qui sortent de la mansarde
du monteur rentrent souvent dans l'atelier d'un autre monteur; elles y reçoivent une façon dernière qui est un véritable
travail de modiste : on marie les fleurs aux dentelles, aux rubans, aux bijoux, pour faire des coiffures de bal; on compose
des bouquets et des guirlandes destinés à orner les corsages,
les volants ou les chapeaux, etc. L'ouvrière de Paris excelle
en tous ces ouvrages de goût.

Ce que nous venons de dire était nécessaire pour faire comprendre la constitution de cette industrie. Sur les 622 entrepreneurs qui furent recensés, 20 seulement faisaient pour plus
de 100,000 francs d'affaires par année; 331 faisaient de 5,000
à 100,000 francs, et 271 produisaient pour moins de 5,000 fr.;
cela concorde avec cet autre fait, de 162 fabricants travaillant
seuls ou avec un ouvrier : d'un côté, la grande fabrication; de

l'autre, le travail en chambre. Il n'y avait à Paris, en 1753,
que 18 maîtres plumassiers, panachers, bouquetiers et enjoliveurs[1]; et l'on ne comptait, en 1817, qu'une centaine de
fabricants de plumes et de fleurs artificielles, dont la vente
était estimée à trois ou quatre millions[2].

La moyenne du salaire journalier des ouvriers est, pour
les hommes, de 3 fr. 80 cent.; pour les femmes, de près de
2 francs : il y a bien une morte saison qui dure quatre mois
environ; mais, pendant ce temps, les ouvriers sont occupés à
d'autres travaux. Les monteuses habiles sont logées et nourries
chez leurs patrons, et plusieurs gagnent en outre jusqu'à
1,200 francs par an.

C'est Paris qui fournit presque toutes les fleurs artificielles
qui sont exportées. L'exportation, qui représentait, en 1844,
une valeur déclarée de 756,000 francs, s'est élevée, en 1850,
à 1,700,000 francs; en 1851, à 1,630,000 francs; en 1852,
à 1,523,000 francs; et, en 1853, à 2,181,000 francs. La Belgique ne recevait, en 1844, que pour 54,000 francs de fleurs;
il lui en a été expédié, en 1851, pour 355,000 francs, et, en
1853, pour 408,000 francs. Il est à remarquer que l'Angleterre et l'Association allemande, qui offraient, il y a cinq ou
six ans, les débouchés les plus importants, ont réduit notablement leurs demandes : en 1845, on envoyait en Angleterre
pour 390,000 francs de fleurs; l'exportation n'a été en 1851
et en 1852 que d'une valeur de 291,000 francs, mais elle
s'est élevée à 529,000 francs en 1853. De 122,000 francs
en 1846, les expéditions au Zollverein sont tombées à
59,000 francs en 1851, et à 89,000 francs en 1853. Par
contre, nos exportations pour la Russie, l'Italie, l'Amérique
du Sud augmentent chaque année, et les États-Unis ont reçu,
en 1850, pour 440,000 francs de fleurs, et, en 1853, pour
578,000 francs. Nous ferons observer que nous reproduisons
les *valeurs déclarées* inscrites sur les tableaux du commerce ex-

---

[1] *Journal du Citoyen,* 1754, p. 358.
[2] Benoiston de Chateauneuf, *Consommations de la ville de Paris en 1817*

térieur : bien qu'il n'y ait aucun intérêt pour l'expéditeur à déclarer une valeur inférieure au prix réel, il est probable que les chiffres ci-dessus sont environ d'un tiers trop faibles. En outre, on exporte une grande quantité de modes garnies de fleurs, et ces fleurs ne sont pas comprises dans les valeurs précédentes.

L'exportation des fleurs artificielles et des modes était de 1,416,000 francs en 1812[1] ; elle a dépassé 10 millions en 1853.

FABRICANTS FRANÇAIS RÉCOMPENSÉS AUX EXPOSITIONS NATIONALES
ET À L'EXPOSITION UNIVERSELLE.

Les fabricants de fleurs artificielles les plus renommés ont fait défaut aux premières expositions nationales. Cependant il est curieux de rappeler les noms des fabricants auxquels le jury a décerné des médailles et des mentions. C'est l'histoire abrégée des progrès de cette industrie dans les cinquante dernières années.

Exposition de l'an VI (1798).

Aucun fleuriste n'avait exposé.

Exposition de l'an IX (1801).

Gohin frères, de Paris : couleurs pour les fleuristes.

Exposition de l'an X (1802).

Mention honorable. — Wenzel, de Paris : fleurs artificielles.

Médaille d'argent. — Gohin frères, de Paris : couleurs pour les fleuristes.

Exposition de 1806[2].

Mention honorable. — Demillière, de Paris : fleurs artificielles.

Exposition de 1819.

Il y avait deux exposants de fleurs : Mlle Thibierge, qui avait présenté des fleurs de chenille, et Baton, tous deux de Paris,

[1] Chaptal, t. II, p. 152.
[2] *Notices,* p. 303. — *Rapport,* p. 214.

et tous deux non récompensés par le jury central. Voici ce que le vicomte Héricart de Thury, rapporteur du jury de la Seine, disait de Baton : « Chaque partie des plantes ou « des fleurs s'y fabrique séparément, suivant leur genre et « leur espèce : toutes ces parties détachées passent ensuite « successivement dans les divers ateliers d'assemblage où, « suivant l'ordre des saisons et de la floraison, les tiges se cou- « vrent d'abord de feuilles, ensuite de fleurs et quelquefois « même de fruits[1]. » On voit que la fabrication des *apprêts* était déjà bien organisée.

Exposition de 1823 [2].

Le premier brevet d'invention qui soit relatif au travail des fleurs a été pris en 1822 par A. de Bernardière, pour l'emploi du fanon de baleine dédoublé et blanchi.

Médaille d'argent. — DE BERNARDIÈRE, de Paris : fleurs de baleine.

Mention honorable. — Mlle DIDIER, de Paris : fleurs de batiste.

Exposition de 1827 [3].

Depuis l'exposition de 1823, quatre brevets d'invention ont été pris : le premier, en 1824, pour l'emploi d'une composition formée de cire, de colle de poisson et de liqueur d'é- cailles d'ablette; les autres pour l'usage de la moelle de Chine, de la baudruche, etc.

Médaille de bronze. — ISNARD DE SAINTE-LORETTE, de Paris : fleurs de baleine.

Mentions honorables. — DENEVERS et ROUYER, de Paris : fleurs de papyrus; Mme SANA, de Paris : fleurs de tissu.

Exposition de 1834 [4].

Il n'a été délivré aucun brevet de 1826 à 1834.

[1] *Rapport du jury d'admission de la Seine*, p. 31.
[2] *Rapport*, p. 119-120.
[3] *Rapport*, p. 135-137.
[4] *Rapport*, t. II, p. 198-199.

Dans cet intervalle, on a essayé de faire des fleurs avec la pâte des pains à cacheter; rien autre à signaler.

Mentions honorables. — Monbarron, de Paris : fleurs de cire; Chagot frères, de Paris : fleurs de batiste.

Exposition de 1839 [1].

Depuis l'Exposition précédente, deux brevets : l'un pour des fleurs, « s'animant par le moyen de mécanismes, » et l'autre pour un procédé expéditif de confection des calices. Mais des progrès notables ont été accomplis; le principal est l'emploi du papier. On donne plus de soins à la teinture, et l'on se sert avec succès de batiste imprégnée de cire.

Médailles de bronze. — Chagot frères, de Paris : fleurs de parure pour l'exportation; bouquets de bal depuis 2 fr. 50 c. la douzaine; Prévost-Wenzel, de Paris : papiers et tissus de couleur pour fleurs.

Mentions honorables. — Mme Clavel, de Paris : fleurs de papier; Dubouloy, de Paris : fleurs de plumes.

Exposition de 1844 [2].

De 1839 à 1844, l'outillage a reçu d'importants perfectionnements; la division du travail a été mieux appliquée et l'on a mieux préparé les étoffes et mieux fait les *apprêts.* C'est dans cette période qu'a commencé la fabrication spéciale de fleurs pour les études de botanique.

Treize brevets ont été pris, parmi lesquels nous ne citerons que ceux de Constantin (1842 et 1844), de Bobœuf (procédé pour velouter et ombrer de couleurs les feuillages, 1842), de Pinson (feuilles de gélatine, 1844), de Mlle Tilman (feuilles et fleurs imprimées sur chaîne de soie, 1844).

Nouvelle médaille de bronze. — Chagot frères, de Paris : fleurs pour l'exportation.

---

[1] *Rapport*, t. III, p. 478-482.
[2] *Rapport*, t. III, p. 649-667.

Première médaille de bronze. — Constantin, de Paris : fleurs pour la botanique, la parure et l'ornement.

Médailles de bronze. — Crousse, de Paris : outils pour la fabrication des feuilles; F. J. Perrot : fleurs de parure fines; Boboeuf-Casaubon : préparation des étoffes pour les pétales des fleurs et les feuillages; Julien : fleurs de parure et d'ornement; Prévost-Wenzel : couleurs, apprêts, fleurs pour l'exportation; Mme Maire : roses; Lefort frères : couleurs, apprêts, fleurs de parure; M. et Mme Delaëre : principalement fleurs pour la botanique; Mme Larocque : *idem.*

Mentions honorables. — Segretin, de Paris : fleurs fines; Mme Raymond-Bocquet : *idem;* Mme Clavel : fleurs de parure.

Exposition de 1849 [1].

Les perfectionnements les plus marqués ont été accomplis dans la spécialité des fleurs pour la botanique; on est arrivé à la perfection. La gravure des emporte-pièce et des gaufroirs est exécutée avec une rare habileté. On a appliqué les fleurs artificielles à la grande décoration.

De 1844 à 1849, treize brevets qui se rapportent pour la plupart à de petits procédés de fabrication.

Médailles d'argent. — Mme Fürstenhoff, de Paris : fleurs pour la botanique; Chagot aîné : fleurs de parure; M. et Mme Delaëre : fleurs pour la botanique.

Rappels de médaille de bronze. — Crousse, de Paris : outils; Prévost-Wenzel : couleurs, apprêts, fleurs; Julien : fleurs de parure.

Médailles de bronze. — Mme Vény, de Brest : fleurs pour la botanique; Rédélix, de Paris : outils; Mme Duchesne-Bettiger, de Nantes : fleurs pour l'exportation.

Mentions honorables. — Mlle de Beaulincourt, de Glomenghem (Pas-de-Calais) : fleurs pour la botanique; Paroissien, de Paris : fleurs et apprêts; Mme Gaudet du Fresne : feuilles;

---

[1] *Rapport,* t. III, p. 645-658.

Mayer : fleurs; Chagot-Marin : *idem;* Louvel et Cabanis : *idem;* Mme Tilman : *idem.*

Exposition universelle de 1851 [1].

Si l'on compare cette exposition avec la précédente, on ne trouve pas de progrès dans la fabrication qui méritent une attention particulière, mais on remarque plus de fini dans l'exécution et surtout beaucoup plus de distinction et de goût.

Il n'a été délivré que cinq brevets de 1849 à 1851.

Grande médaille. — Constantin, de Paris : plantes pour les études de botanique et l'ornement, d'une vérité étonnante et d'une admirable perfection; charmantes fleurs de parure; fleurs de batiste reprenant, après avoir été froissées, leur forme et leur grâce; ensemble de fabrication très-remarquable.

Médailles de prix. — Mme Badin, de Paris : fleurs de plumes d'un prix très-modique; Chagot aîné : fleurs à bon marché, principalement pour l'exportation; Mme Fürstenhoff : fleurs pour les études de botanique et l'ornement, faites de mousseline et de crêpe; Gaudet du Fresne : feuilles faites avec beaucoup d'art et de soin, *pareta* des Indes; Harand : cactus d'un beau travail, joli bouquet de roses, feuillage de lierre bien imité; Lefort aîné : papiers et étoffes teints, apprêts bien faits, fleurs de parure, bonne fabrication pour l'exportation; Perrot, Petit et Cie : beaucoup de distinction et de goût dans les parures, fleurs de fantaisie montées avec art; Mme Tilman : de l'habileté, une grande variété de fleurs, mais plusieurs laissent à désirer sous le rapport de la forme et de la couleur.

Mentions honorables. — Breteau, de Paris : fleurs et plumes; Florimond : fleurs bleues et fleurs des champs à bon marché; Paroissien : fleurs de tissu imprégné de cire.

L'Exposition de Londres a excité vivement les fabricants de fleurs, et, dans la seule année 1852, il a été pris treize brevets; c'est le quart du total des brevets délivrés.

---

[1] *Reports,* p. 642-645.

EXAMEN DES FLEURS ARTIFICIELLES EXPOSÉES À LONDRES.

Il y avait dans le Palais de cristal 136 exposants de fleurs artificielles, dont 93 seulement ressortissaient à la XXIXe classe, savoir :

> 16 de France;
> 43 d'Angleterre;
> 14 des possessions anglaises;
> 20 de divers états d'Europe et d'Amérique.

Ce qui nous a frappé tout d'abord, c'est cet esprit d'imitation des choses de la nature qui existe en tous pays et qui s'exerce surtout sur les fleurs, par cela sans doute que l'observation en est plus agréable et plus facile. On ne saurait imaginer la diversité de matières qui servent à reproduire ces gracieux modèles, et, sous ce rapport, l'Exposition offrait des spécimens très-variés, mais de mérites très-inégaux.

A Paris, le jaconas, la mousseline et la batiste, le velours et le crêpe, les papiers, se transforment, sous les outils et les doigts d'ouvriers artistes, en feuillages et en fleurs inimitables; à Londres, on façonne la cire avec un art merveilleux. Avec le plumage multicolore des oiseaux, les nonnes des couvents de l'île Madère et du Brésil forment de ravissants bouquets, qui sont des chefs-d'œuvre de patience. La paille de blé, d'orge et d'avoine, permet d'imiter avec vérité les immortelles, et elle est, dans les chalets de l'Argovie, convertie en fleurs des champs. Dans les contrées hors d'Europe, on a su approprier avec bonheur les matériaux aux modèles : ainsi, en Chine, les soieries, les papiers et la moelle veloutée de l'*aralia papyrifera;* à la Jamaïque, la pellicule fibreuse du *yucca gloriosa* et du *yucca aloifolia;* dans le Bengale, les élytres de scarabées, les plumes et la mousseline; aux îles Séchelles, les feuilles du palmier *laodicea;* au Mexique, le papier et les plumes, ces dernières servaient déjà à cet effet du temps de Montézuma.

Ce n'est qu'en Europe que l'on a imaginé d'employer la

fonte, l'argent massif, le cuir, pour imiter des fleurs dont un souffle détruit la frêle corolle [1]. Il en est venu de Leipsick qui étaient faites au marteau avec l'argent, et de Hanau qui étaient d'or ciselé et surchargées de diamants et de rubis. On en fait à Berlin en fonte de fer, et à Hambourg on les sculpte en ivoire. Constantinople avait envoyé des fleurs formées avec des perles et des tresses de fils d'or et d'argent. Dans le département portugais, des fleurs d'osier brun paraissaient plus grossières encore à côté de charmants ouvrages des religieuses de Funchal. Des dames des îles de Guernesey, de Malte, de Maurice, de Bahama, etc., avaient présenté des corbeilles et des bouquets de fleurs faits de coquillages. Enfin, Londres a exposé des fleurs faites, les unes, avec du cuir, de la laine à tapisserie, de la chenille ; d'autres, avec des perles de verre, des fils de laiton vrillés, des navets ou des topinambours découpés.

Toutefois, il est juste de signaler des imitations de fleurs à l'exécution desquelles l'or, l'argent, le filigrane, les pierreries ont concouru, et qui se distinguent autant par l'élégance et le goût que par une heureuse alliance de la fantaisie et de la vérité.

Un mot encore sur les fleurs de coquillages et de cheveux qui abondaient à l'Exposition. La façon des fleurs de coquillages exerce la patience de vieux matelots dans nos ports et celle des dames des colonies anglaises. Ces fleurs ont toute la roideur des fleurs de faïence qui enjolivaient certaines poteries fort recherchées au xviiie siècle. Quant aux cheveux destinés à conserver le souvenir des absents ou des morts aimés, ils perdent, en étant dénaturés, une partie de leur prix, et c'est pourquoi nous faisons nos réserves, tout en constatant l'habileté des fabricants de Paris et d'Elberfeld.

Les deux expositions de fleurs artificielles, dignes d'intérêt,

---

[1] Les Anglais ont fait aussi cette remarque. L'*Illustrated London news* (vol. XIX, p. 19) signale « the strange variety of substances, some of the most « stubborn, and, apparently, unavailable character, » tels que le marbre, la houille, les bois, les épices, l'ivoire, la baleine, les algues, le corail, etc.

étaient celles de Paris et de Londres. Ce sont les seules dont nous nous occuperons.

Parmi les soixante exposants anglais, 36 seulement peuvent être considérés comme fleuristes : 25 façonnent la cire; 6, les plumes; 5, les papiers et les tissus, et 2, la moelle de Chine.

La fabrication en Angleterre des fleurs de cire n'est véritablement pas une industrie; c'est un art d'agrément qui est familier à beaucoup de dames et de demoiselles, et un très-petit nombre d'entre elles en ont fait leur profession. La cire se prête à tous les caprices de la main; l'ébauche est aussi aisée que le modelage; les retouches, comme le coloriage, ne présentent aucune difficulté matérielle. Là, nul besoin d'outillage, de procédés industriels, de division des travaux, etc.; la même main façonne la cire et la transforme en fleurs, et cette façon a un caractère tout artistique. Les MINTORN, Mme STRICK-LAND, Mlle LUMSDEN et Mme MAKEPEACE avaient présenté de remarquables spécimens en ce genre. Nous citerons les suivants, exposés par les Mintorn :

Phalænopsis amabilis. Prix : 625^f
Vanda suavis. 625
Anselia Africana. 550
Allamanda Schottii. 500
Dendrobium chrysanthum. 300
Odontoglossum membranaceum 62

Nous avons distingué, dans la case de Mme Strickland, un *Victoria regia,* du prix de 1,125 francs; un bouquet composé de l'*Amshertia nobilis,* du *musa Cavendishi* et du *magnolia grandiflora* (160 francs), une charmante collection de onze espèces de roses (315 fr.) et des bruyères très-mignonnes (265 francs).

Tout cela est fait avec une perfection et une vérité qu'il serait difficile de surpasser. Toutefois, malgré leur talent incontestable, ces artistes n'ont pas toujours su donner aux fleurs la délicatesse et la légèreté de formes, aux feuilles la finesse

4.

de tissu et la pureté de contours, que l'on obtient avec la batiste, le satin, la percale ou la moelle. Dans les plantes grasses, les liliacées, les orchidées, etc., ce défaut est peu apparent.

Les fleurs de cire ne peuvent servir, en raison de leur roideur et de leur fragilité, qu'à la décoration ; un certain nombre sont des modèles pour les études de botanique. On ne fait pour la parure que quelques fleurs détachées dont le prix est assez élevé : une rose coûte, chez les Mintorn, de 10 à 30 francs.

La fabrication des *apprêts* et des fleurs de batiste, percale, mousseline, papier, etc., a été introduite à Londres depuis plusieurs années, et elle était représentée à l'Exposition par des produits qui ont arrêté longtemps notre attention. Dans les ateliers de MM. Foster, Son et Duncum, Sugden, Borras et Cie, les étoffes et les papiers sont bien préparés; la teinture laisse fort peu à désirer; les *apprêts* sont faits avec beaucoup d'adresse [1]. Les fleurs sont fraîches, légères, bien imitées, et tous les détails sont exécutés avec un soin scrupuleux.

Voici les prix de parures faites chez MM. Foster, Son et Duncum, qui sont sans contredit les plus habiles fabricants anglais :

Grande branche de *stephanotis floribunda*	38[f]
Guirlande pour volants en *camellia japonica*	38
— pour coiffure, *idem*	35
Bouquet de corsage, *idem*	15
Guirlande d'azalées	25
Épi de *dendrobium densiflorum*	18
Bouquet de roses	15
Branche de *begonia Fuschoïdes*	15
Touffes de *sparamania*	5

Quelques-unes de ces parures sont montées avec assez de goût.

---

[1] Chez MM. Foster, les mille grosses de graines de toutes couleurs et grosseurs coûtent de 15 à 25 francs.

Les fleurs de papier de Mme GATTI, montées avec feuillage pour corbeilles et vases, coûtent :

Les roses, les camélias, les dahlias..... 3^f 75^c la pièce.
Les pivoines, les hortensias.......... 2 50
Les fleurs plus petites.............. 1 50

Les fleurs faites avec des plumes sont beaucoup plus chères : il est vrai que leur façon exige plus d'habileté et de soins. Il faut une patience extrême pour dépouiller plume à plume les oiseaux de toutes les parties du monde et couvrir ainsi sa palette des nuances infinies qu'exige l'imitation correcte des fleurs. Mme RANDOLPH a surmonté avec succès les difficultés de cette tâche ingrate. Ses ouvrages sont bien faits et ont cet avantage que les couleurs en sont inaltérables. Nous répéterons que le prix en est élevé : les rosiers exposés ne valaien^t pas moins de 250 à 625 francs pièce; un chrysanthème était offert à 375 francs; un myrte, à 500 francs; une giroflée également à 500 francs et un œillet blanc à 75 francs.

Huit des soixante exposants anglais méritaient d'être cités; la XXIXe classe a fait preuve de bienveillance en décernant à sept d'entre eux la médaille de prix et à cinq la mention honorable. Nous sommes heureux de dire que nos collègues étrangers ont reconnu dans les termes les plus flatteurs la supériorité de nos fabricants. Seize avaient exposé; onze ont été récompensés : un a reçu la grande médaille, distinction éminente, dont le conseil des présidents s'est montré très-avare ; sept ont reçu la médaille de prix, et trois la mention honorable.

A part quelques fleurs de verre filé, de coquillages, de mousseline noire ou grise, de point d'Alençon[1], sans intérêt, mais non pas sans mérite, nous n'avions exposé aucune excentricité, et notre industrie était représentée par des spécimens très-remarquables. Les fleurs d'imitation étaient vraies; les fleurs de fantaisie ravissantes. Dans les premières, une per-

---

[1] Voir le *Rapport de M. Félix Aubry*, p. 75.

fection singulière de travail; dans les secondes, l'élégance des
formes unie à la perfection des détails. Là où l'œil surprenait
un peu moins de délicatesse dans l'exécution ou de finesse dans
le coloris, on trouvait ces négligences rachetées par un bon
marché extraordinaire.

Les fleurs artificielles de M. Constantin étaient une des
merveilles de l'Exposition universelle. Deux collections distinctes avaient été présentées par lui : l'une était composée de
plantes destinées aux études de botanique ou à la décoration ;
l'autre comprenait des guirlandes, couronnes, bouquets et
fleurs pour la parure. M. Constantin, botaniste, fabricant et
artiste, a pleinement justifié la réputation dont il jouit; sa supériorité est incontestable. On a de la peine à se figurer combien il a fallu de recherches, d'études et de travail, pour obtenir cette inimitable perfection dans les préparations et les
apprêts. La XXIXe classe a apprécié, comme il devait l'être, le
talent de M. Constantin, et rien ne témoigne davantage de son
admiration pour ces chefs-d'œuvre d'industrie que le vote de
la grande médaille.

Personne ne peut avoir oublié les plantes merveilleuses que
renfermait la serre de la grande avenue. Les plus admirées
parmi elles ont été l'aristoloche géant, le soleil cultivé, l'*arum*
d'Éthiopie, l'*amaranthus caudatum*, le rosier églantier mous-
seux, le *magnolia yu-lan*, le *lymnocharis Humboldtii*, la passi-
flore quadrangulaire, le *cyperus papyrus, etc.* Ces imitations
étaient tellement vraies, que l'examen avec de fortes loupes ne
suffisait pas pour reconnaître des différences sensibles. Il nous
a été impossible de distinguer les lierres et les buis artificiels
des naturels, et, pour convaincre notre collègue, M. Arthur
Henfrey, vice-président de la société de botanique de Londres,
que le pissenlit dent de lion exposé était artificiel, il fallut en
déchirer une partie. Pareille épreuve fut faite sur une feuille
d'*onopordum*.

M. Constantin s'attaque résolument aux difficultés et en
triomphe avec bonheur. Depuis le bourgeon qui s'entr'ouvre
jusqu'à la feuille jaunie, depuis le bouton à peine éclos jusqu'à

la fleur flétrie et la graine, toutes les phases de la vie éphé-
mère des fleurs et des feuillages étaient rendues avec une fidélité surprenante.

Mentionnons, en terminant, ses roses parfumées, faites avec
tant d'art, qu'elles peuvent être vivement froissées par la main
sans qu'une feuille se détache ou se plisse, et que la forme
s'altère.

Nous regrettons que la place nous manque pour rendre
compte de chacune des collections envoyées par les autres
fleuristes; celle de Mme FÜRSTENHOFF mériterait d'être examinée
en détail. Cette dame se sert du crêpe et de la batiste avec
une rare habileté; ses fleurs pour l'étude et la parure ont
un cachet de supériorité qui commande l'attention.

Nous voici maintenant en face des fabricants proprement
dits. On fait, nous l'avons dit, des fleurs artificielles en tous
pays, et, pour y développer cette fabrication, on prohibe en
Autriche les fleurs étrangères; ailleurs, on les frappe d'un
droit d'entrée qui est, en Belgique, de 20 p. o/o à la valeur;
en Angleterre, de 25 p. o/o; aux États-Unis et en Russie, de
40 p. o/o; au Mexique, de 11 francs par kilogramme brut;
en Portugal, de 82 francs aussi par kilogramme brut, etc. La
prohibition, comme la protection, a été sans effet. Nos fleurs
de parure n'ont pas de rivales, les demandes augmentent et
l'exportation s'accroît, surtout pour les fleurs montées. Ces
résultats n'ont rien qui surprenne, quand on pénètre dans le
cœur de cette industrie et que l'on voit combien elle est vigou-
reuse et féconde en ressources.

Prenons la fabrication à sa naissance. Les couleurs, M. LE-
FORT aîné les prépare; les papiers, les tissus, il les choisit, les
enduit, les teint; et, de suite, dans la même manufacture,
ces matières sont transformées en *apprêts* [1]. Pas une plante,

---

[1] On appelle *apprêts* les diverses parties plus ou moins composées que
l'on assemble pour former une plante artificielle, telles que les bourgeons,
les feuilles avec ou sans pétioles, gaînes, stipules, les boutons, les calices
et les corolles, les étamines libres ou soudées, les pistils et ovaires, les
grains d'épis, les gousses, siliques, capsules, etc.

dans la flore artificielle, dont chacune des parties ne soit l'objet
d'un travail particulier. C'est par milliers que l'on compte,
dans les fabriques d'apprêts, toutes les espèces de feuilles,
de pétales et de sépales, d'étamines, de pistils et d'ovaires,
d'épis, de baies, de graines, qui, toujours classés avec ordre,
peuvent être réunis en un instant pour former telle ou telle
plante. Ces organes végétaux si divers, dont l'exécution compliquée exige des soins si minutieux et un outillage si considérable, se vendent aux prix les plus modiques.

MM. GAUDET DU FRESNE et PAROISSIEN sont *feuillagistes*.
Celui-ci a exposé de bonnes feuilles d'alaterne, de camélia;
il obtient de belles couleurs mordorées. Celui-là a envoyé des
feuilles de *pareta*, de *begonia*, d'*arum*, de châtaignier panaché,
dont l'exécution est parfaite; nul autre ne reproduit avec autant de fidélité le velouté, la demi-transparence et le tissu des
feuilles.

Le cactus de M. HARAND était très-beau; c'était une des
meilleures plantes artificielles de l'Exposition. Les plants de
lierre et les bouquets de roses étaient d'une vérité frappante.

M. FLORIMOND fait en batiste et en mousseline les fleurs des
champs et les fleurs bleues; les unes et les autres se recom-
mandent surtout par leur bon marché (de 3 à 4 francs pièce);
c'est aussi le mérite principal des produits de M. Chagot aîné,
qui sont fort estimés dans tous les pays. Le rapporteur de la
XXIX⁰ classe a mentionné avec éloges[1] la collection que
Mme TILMAN avait exposée; nous nous joignons avec plaisir à
notre ami M. Warren de la Ruë, mais nous croyons que
Mme Tilman peut faire encore mieux.

Enfin, il nous reste à parler, à propos de MM^mes S^ie PERROT,
PETIT et Cie, des fleuristes monteurs, ou, pour être plus vrai,
des fleuristes modistes. C'est à eux, sans contredit, que Paris
doit la réputation qui est acquise, depuis quarante ans, à ses
parures de fleurs. Que l'on se rappelle les coiffures et les
bouquets de MM^mes Perrot et Petit : le travail était parfait

---

[1] *Reports by the Juries*, p. 645.

jusque dans les moindres détails, et c'était à croire que ces fleurs étaient naturelles et venaient d'être cueillies, tant elles avaient de fraîcheur, d'éclat et de vérité. Cependant, il ne faut pas chercher dans ces mérites d'exécution la supériorité de nos fleuristes. Le jour n'est peut-être pas éloigné où Foster, Son et Duncum, à Londres, produiront de semblables merveilles; ils feront, avec la mousseline et le nansouk, ce que les Mintorn font avec la cire. Ils exécuteront des chefs-d'œuvre de botanique artificielle, et leurs produits égaleront ce qui se fait chez nous de plus parfait; mais, il ne faut pas s'y tromper, là ne sont pas toutes les conditions de succès. On a, à Londres, des matières à bas prix, des doigts dociles, déliés et patients; on a le secours d'un droit protecteur de 25 p. o/o[1], et des débouchés sans cesse ouverts[2]; on a enfin l'esprit national qui préfère hautement les produits indigènes; mais, ce qui manque, c'est le goût et le génie parisien. Lorsque MM. Foster, Son et Duncum auront exécuté une de ces imitations parfaites qu'un savant botaniste confondrait avec les fleurs naturelles, il ne se trouvera personne à Londres qui sache en faire un bouquet. Jamais les ouvriers anglais ne monteront une guirlande, ne créeront une parure comme M. Constantin, comme MM^{mes} Perrot et Petit. Ce qu'il n'y a qu'à Paris, c'est l'invention; c'est cet esprit fertile en idées, en fantaisies, qui crée la mode et ses caprices; c'est ce goût exquis, sans lequel, dans le domaine de l'art industriel, il n'est pas d'élégance et de

---

[1] L'année dernière, 1853, le droit a été réduit à 12 shill. par pied anglais cube, et le volume est calculé sur les caisses qui renferment les fleurs, sans que l'on tienne compte de l'espace vide qui peut exister dans l'intérieur.

[2] Depuis quelques années, l'exportation des fleurs artificielles de fabrication anglaise augmente chez nos voisins très-sensiblement. Elle était de 65,000 francs en 1849, et de 107,000 francs en 1850; elle s'est élevée à 170,000 francs en 1851 et à 280,000 francs en 1853.

Notre exportation de fleurs pour l'Angleterre était, en 1845, d'une valeur déclarée de 390,000 francs; elle a été en diminuant de 1846 à 1852 jusqu'au chiffre de 290,000 francs, et, l'année dernière, 1853, elle a monté à 530,000 francs.

beauté. Et ce que nous faisons remarquer aujourd'hui, Roland de la Platière l'avait déjà observé il y a trois quarts de siècle.

En un mot, nos fleuristes seuls ont le secret de grouper les feuillages, les fleurs, les fruits et les épis, de manière à former d'harmonieux contrastes; seuls, ils savent rendre une parure tout à la fois riche, gracieuse et légère; seuls, enfin, ils possèdent l'art difficile d'adapter à chaque physionomie les nuances qui l'embellissent; à chaque toilette, les accessoires qui lui donnent le caractère particulier de grâce et de distinction que l'on appelle, à l'étranger, le cachet parisien. Malgré cela, il faut qu'ils ne perdent pas de vue les avantages de position et les efforts intelligents des fabricants anglais.

OBSERVATIONS.

Depuis longtemps les fabricants de fleurs français demandent que leurs matières premières soient exonérées de droits de douane qui n'ont aucun effet protecteur et donnent au trésor un mince revenu. Le droit sur les plumes de parure est de 110 à 440 francs par 100 kilogrammes, celui sur la moelle de Chine est de 110 francs, sur les fleurs de carthame de 13 à 20 francs, etc.

Les percales, les jaconas et les mousselines, qui sont d'un si grand emploi dans cette industrie, sont prohibés, et le coton qui sert à les fabriquer en France est soumis à un droit de 15 à 33 francs par 100 kil., selon la provenance.

Voici les prix anglais et français de quelques-unes des qualités de tissu de coton, avec lesquelles on fait le plus de fleurs et de feuilles artificielles.

NOM ET PROVENANCE.	FINESSE DU TISSU. — Nombre de fils aux 5 mill. *		LARGEUR du TISSU.	LONGUEUR de LA PIÈCE.	POIDS de LA PIÈCE.	PRIX du mètre.
	en chaîne.	en trame.				
			centim.	mèt. cent.	kil. gr.	fr. c.
Percale anglaise.....	18	19	102	21 95	1 928	0 62
———— d'Alsace.....	"	"	98-100	58 10	5 080	1 10
———— anglaise.....	21	22	114	10 97	1 035	1 00
———— de St-Quentin.	"	"	104-106	42 50	2 930	1 02
Jaconas anglais......	25	31	109	21 95	1 148	1 71
———— de St-Quentin.	,	"	104-106	43 00	2 000	1 83
Nansouk anglais.....	19	23	114	10 97	0 610	1 54
———— de St-Quentin.	"	,	120-122	41 30	2 620	1 45
———— anglais......	30	32	114	10 97	0 540	2 85
———— de St-Quentin.	"	"	125-127	40 00	2 160	2 70
Moussel. anglaise.....	21	25	119	10 97	0 447	2 33
———— de St-Quentin.	"	"	125-127	41 00	1 860	1 95
———— anglaise.....	22	29	119	10 97	0 432	2 45
———— de St-Quentin.	"	,	125-127	40 00	0 920	2 65
———— anglaise.....	20	21	122	10 97	0 340	2 45
———— de Tarare....	"	,	125-127	30 00	0 920	2 25

* Ce renseignement nous manque pour les tissus français.

Les échantillons anglais et les renseignements qui les concernent nous ont été fournis par MM. Foster, Son et Duncum de Londres[1]. Un de nos premiers industriels, M. Fré

[1] En 1854, pendant l'impression de ce rapport.

déric Bernoville, notre collègue dans le jury, a eu l'obligeance
de rapprocher ces tissus de ceux de France dont la qualité
est identique et de nous indiquer les prix de ces derniers:
une remarque doit être faite à ce sujet : l'apprêt de Saint-
Quentin et d'Alsace donne aux pièces beaucoup plus de poids
que l'apprêt anglais, qui est moins épais et bien supérieur.

Le rapprochement ci-dessus n'est pas sans intérêt, mais il
ne saurait servir à apprécier la différence de prix qui peut
exister entre des tissus de pareille qualité français et anglais.

ÉVENTAILS PLISSÉS ET ÉCRANS À MAIN.

HISTOIRE.

L'éventail était connu dès la plus haute antiquité. Dans les
pays, comme la Judée, l'Égypte, l'Inde, où le ciel est brûlant
et où les mouches et les moustiques abondent, l'homme a
cherché de bonne heure à rafraîchir l'air qui l'entoure en
l'agitant avec une feuille de palmier ou un faisceau de plumes.
L'éventail prit bientôt place dans les cérémonies sacrées : on
en faisait usage pour préserver les offrandes de la souillure
des insectes. Il devint un des premiers attributs de la souve-
raineté.

On remarque, sur les fresques qui décorent le palais-temple
de Medinet-Habou, à Thèbes, le pharaon Remésès III, accom-
pagné de princes qui portent des éventails[1]. Remésès III monta
sur le trône l'an 1235 avant notre ère.

L'éventail était alors un élégant écran demi-circulaire, peint
de couleurs brillantes, et fixé à un long manche tors ou ver-
sicolore; il tenait lieu d'étendard et n'était porté que par des
princes royaux ou des dignitaires d'une bravoure éprouvée,
qui avaient rang de généraux.

Les chasse-mouches, les éventails de feuilles de *doum*[2] ou
de plumes d'autruche étaient très-usités en Égypte. Les

---

[1] J. G. Wilkinson, *Manners and customs of the ancient Egyptians.*
[2] *Cucifera Thebaïca* ou *Hyphæne Thebaïca.*

manches étaient de bois, ils avaient environ 45 centimètres de long [1].

Dans l'Inde, les premiers éventails étaient de feuilles de palmier; on se servait aussi de chasse-mouches faits avec la queue du yak [2]. Élien et Hiouen-thsang en parlent.

En Perse et chez les Arabes, on connaissait, dès les premiers siècles de l'ère chrétienne, les éventails de plumes d'autruche; plusieurs avaient des inscriptions.

L'éventail était d'un usage très-répandu dans la Grèce et à Rome. Il est mentionné dans les écrits d'Euripide, de Longin, de Virgile, d'Ovide, de Properce, d'Apulée, etc., et il est figuré fréquemment sur les pierres gravées et les vases dits *étrusques*.

En Grèce, on a d'abord donné à l'éventail, selon Bœttiger, la forme de la feuille de platane; plus tard, dans le Ve siècle avant Jésus-Christ, les femmes grecques adoptèrent les éventails de plumes de paon, dont on se servait déjà en Asie Mineure. Dans l'*Oreste* d'Euripide, un eunuque phrygien raconte qu'il a procuré une douce fraîcheur aux joues et aux cheveux d'Hélène endormie, avec un éventail de plumes, selon la coutume des Phrygiens. L'éventail des prêtres d'Isis, quand Isis devint divinité grecque, était plus simple; il était formé des ailes d'un oiseau jointes latéralement et attachées à un manche, ce qui le faisait ressembler au caducée de Mercure. On peut voir de nombreux modèles d'éventails grecs et romains sur les vases italo-grecs du musée du Louvre et dans les ouvrages de Clener, de d'Hancarville, de Tischbein, etc.

A Kertch (Crimée), nous avons remarqué un éventail sur un vase peint qui avait été trouvé dans un tumulus de Panticapée [3].

Ces éventails étaient généralement faits de plumes de paon de longueurs inégales, étalées en forme de demi-cercle ou de

[1] Il y en a au *British museum*.
[2] Le yak est le nom thibétain du bœuf grognant. Voir Huc, t. 1, p. 116.
[3] Achic a dessiné et décrit ce vase (Воспорское Царство, t. III, p. 24, pl. 12).

demi-ellipse. Ces plumes étaient montées de différentes façons :
l'éventail de Libéria[1] est disposé comme celui du temps de
Remésès III; ceux qui sont figurés sur les vases d'Hécube[2] et
des noces d'Hiéra et de Télèphe[3], sont faits avec moins d'art,
et il y en a qui ressemblent à nos plumeaux[4].

Bœttiger ne dit rien de l'emploi des plumes d'autruche,
cependant on remarque sur une fresque d'Herculanum un
éventail qui paraît formé de ces plumes[5]. On fabriquait aussi
des éventails avec des planchettes de bois très-minces : c'é-
taient les *tabellæ* dont Ovide et Properce parlent; quelques-
uns étaient garnis de plumes. Plusieurs des éventails qui sont
peints sur les vases du Louvre sont certainement des *tabellæ*.
Enfin, trois ou quatre dessins font supposer que l'on a fait
aussi usage d'éventails de feuilles de palmier[6].

Le *Tchéou-li* ou *rites des Tchéou* a été écrit au commencement du xi° siècle avant notre ère, à peu près à l'époque où
Remésès III régnait en Égypte[7]; il y est fait mention, comme
dans le *Li-ki*, d'éventails.

Leur invention est due à l'empereur Wou-wang, des
Tchéou[8] et un passage du *Feï-ki-yu-lin*[9] donne lieu de penser
qu'en Chine, comme en Égypte, les éventails servaient à la
guerre d'étendards ou de signes de ralliement.

Les premiers éventails (*chen* ou *cha*) étaient de plumes :
le roi de Thou-sieou offrit à l'empereur Tchao-wang, des
Tchéou, deux éventails de plumes de *tsio* rouge, et il est dit,
dans le *Tchéou-li*, qu'un des chars de l'impératrice portait un

----

[1] Clener, t. II, pl. 57.
[2] *Idem*, t. II, pl. 37.
[3] D'Hancarville, t. IV, pl. 24.
[4] *Idem*, t. I, pl. 71.
[5] *Pitture d'Ercolano*, t. III, tav. 35.
[6] Clener, t. II, pl. 38.
[7] L'auteur est le prince Tchéou-kong, frère de Wou-wang, premier
empereur de la dynastie Tchéou.
[8] Pièce de vers de Lo-ki. — *Paï-sse-louï-pien. Chi-pen.*
[9] « Le général Tchou-ko-liang commandait ses trois corps d'armée en
« tenant un éventail de plumes blanches. »

éventail et un dais de plumes [1]. On les fit ensuite de soie blanche unie et de tissus de soie brodés, mais l'usage en fut défendu dans la première année de la période I-hi (l'an 405).

La première mention d'éventails de bambou remonte à l'empereur Houan-ti, des Han (147 à 167 de J. C.); on les retrouve cités sous les Tsin (265 à 419), et le *Li-tchao-han-lin-tchi* nous apprend que l'empereur donnait aux membres de l'Académie impériale, le cinquième jour du cinquième mois, un grand écran rond de bambou sculpté et peint en bleu.

Les éventails de *pou-koueï,* espèce de palmier [2], étaient connus au temps des Tsin; on faisait des écrans d'ivoire déjà sous le règne de Wen-ti, des Han (163 à 156 av. J.-C.); les queues de faisan servaient aussi, sous les Han, à former des éventails, qui étaient garnis d'ivoire et qu'un décret de Hiao-wou-ti (454 à 467) défendit aux princes et aux comtes de porter; on employait également pour cet objet en Chine et en Cochinchine, les plumes de paon. Dans la période Chun-hi, des Soung (1174 à 1190), l'empereur offrit à l'impératrice quatre écrans de jade blanc, dont les manches étaient d'ambre odoriférant. Enfin les écrans ornés d'écritures ou de peintures étaient très-estimés, et nous remarquons, à ce sujet, dans les Annales des Thsi un passage assez curieux : « Sur les écrans, « dans un espace de huit ou dix pouces, Wang-sun-pen, de « King-ling, peignait en perspective des montagnes et des « rivières, et savait leur donner un éloignement de mille li. »

Un fabricant qui travaillait au commencement de l'ère chrétienne, Chi-ki-long, avait acquis quelque réputation pour des écrans appelés *kin-po-mou-nan.* Il battait de l'or en lames minces comme des ailes de cigale, les appliquait sur les deux faces de l'écran, les vernissait, y peignait des dieux, des oiseaux extraordinaires et des animaux rares, et collait par dessus des feuilles transparentes de mica [3].

---

[1] Trad. Éd. Biot, t. II, p. 126.

[2] *Pou-koueï* ou *Tsong-liu, chamærops excelsa.*

[3] Extrait du *Nie-tchong-ki.* — Nous devons la traduction de ces extraits

Les éventails dont on faisait usage dans les temps anciens en Égypte, dans l'Inde, en Chine, en Grèce, en Italie, ne pouvaient être ployés; ceux de plumes étaient demi-circulaires, demi-elliptiques, ou avaient la forme de la queue de faisan[1]; ceux de soie, de bois, de bambou, d'ivoire, de feuilles, étaient ronds, carrés, octogonaux, de forme de feuilles de platane, de colocase, etc. Les uns avaient de longs manches, tels étaient ceux des Égyptiens et ceux du temps des Han, que les Chinois appelaient *tchang-chen;* les autres, garnis de petits manches, ressemblaient aux écrans à main actuels. Les petits écrans anciens (*pien-mien*[2]) étaient plus larges à la partie supérieure, leur contour était à peu près celui d'un trapèze renversé et à angles arrondis.

Nous ignorons à quelle époque l'éventail plissé[3] a été imaginé et nous présumons que l'invention en est due aux Japonais. Celui de leurs dieux qui préside au bonheur est représenté avec un éventail plissé à la main. La mention la plus reculée que M. Stanislas Julien ait trouvée dans les livres chinois remonte à l'an 960. Voici en effet ce qu'on lit dans le *Tch'un-fong-thang-souï-pi:* « Les éventails plissés (*tche-t'ie-*
« *chen*) s'appellent aussi *tsin-theou-chen;* mon concitoyen, le
« maître Tchang-ping-haï, croit qu'ils ont été offerts en tribut
« par les barbares du sud-est, et qu'ils ont commencé à être
« en vogue dans le royaume du milieu sous la période Young-lo
« (des Ming, 1403 à 1425). J'ai vu cependant que, parmi les
« pièces de vers composées depuis les Soung du Midi (depuis
« l'an 1127), il y en a beaucoup qui font l'éloge des éventails
« plissés (*tsiu-chen*). Moi-même j'ai recueilli un ancien éventail
« de soie sur lequel Yong-meï-tse avait écrit des vers; on voit

des livres chinois, qui sont réunis dans le *Khe-tchi-king-youen,* à notre savant maître et ami, M. Stanislas Julien, de l'Institut.

[1] « L'empereur Kao-tsong, des Chang (1323 à 1266 avant J.-C.), ayant entendu le cri de bon augure d'un faisan, fit faire des écrans ayant la forme de la queue de faisan. » (*Tsouï-pao-kou-kin-tchou.*)

[2] Littéralement : « commode pour la figure. »

[3] Nous avons adopté le terme d'éventails *plissés,* pour désigner tous les

« encore distinctement les plis de l'étoffe. Il est certain que les
« éventails plissés existaient depuis les Soung du Nord (depuis
« l'an 960)... » Il est singulier que la plupart des auteurs chinois
attribuent à l'éventail plissé une origine étrangère. On vient
de voir l'opinion de Tchang-ping-haï; on lit dans le *Tchang-
tong-haï-tsi* : « Suivant les mémoires intitulés *Wang-tsieou-kien-
« ki*, au commencement de la dynastie des Youen (en 1260), des
« envoyés d'un royaume barbare du sud-est vinrent en tenant
« à la main des éventails plissés (*tsin-theou-chen*). A cette
« époque, on les critiqua et l'on se moqua d'eux. » — « J'ai
« entendu dire (rapporte Lieou-youen-king, dans le *Hien-i-pien*),
« que les éventails plissés (*sa-chen*) ont commencé à paraître au
« milieu de la période Young-lo (des Ming, 1403 à 1425). Le
« roi de Tchao-sien (Corée) en ayant fait offrir un à l'em-
« pereur, celui-ci en fut charmé et ordonna à un artiste de
« l'imiter. »

Il n'y a pas d'ailleurs à douter qu'il ne s'agisse, dans ces
passages, d'éventails plissés, car l'encyclopédie *Khe-tchi-king-
youen* dans laquelle les extraits précédents sont réunis[1] dit :

« *Tche-t'ie-chen* 摺疊扇, *tche-chen* 摺扇, *tsiu-theou-
« chen* 聚頭扇, *tsiu-chen* 聚扇, *sa-chen* 撒扇 :
« éventail plissé ; quand on le serre, on le plie ; quand on veut
« en faire usage, on le déploie. »

Chose curieuse : dans les premiers temps, les courtisanes
seules se servaient d'éventails plissés, les femmes honnêtes
portaient des écrans ronds.

Enfin le *Tch'un-fong-thang-souï-pi*, déjà cité, fait mention des
éventails des Coréens et des Japonais. « Le poète Lou-tong-po
« dit que les éventails blancs de bois de pin, dont les Coréens
« faisaient usage, avaient un *tchi* (pied)[2] de large étant ouverts
« et deux doigts seulement quand ils étaient fermés. Les Ja-

éventails qui se ferment, et qui sont formés, les uns de lames minces et
mobiles, les autres d'une feuille effectivement plissée.

[1] Livre LVIII, fol. 15 et 16.

[2] Environ 30 centimètres.

« ponais en fabriquaient dont la feuille était dorée et la mon-
« ture de bambou noirci... » Les rois tartares se servaient
d'éventails[1].

Les Aztèques et peut-être les Toltèques[2] connaissaient
l'éventail. Ométéuctli, le dieu du paradis, et Totec, disciple
militaire de Quetzalcohuatl, sont représentés tenant à la main
un flabellum de plumes. C'est, selon M. A. de Longpérier, une
enseigne surmontée de plumes[3]; si cela est effectivement, on
se serait servi, en Égypte, en Chine et dans l'Anahuac, de
l'éventail pour étendard.

Nous n'avons rien à dire de l'éventail pendant les onze
siècles qui séparent l'époque où régnaient les derniers des
douze Césars de celle des croisades. L'Église chrétienne en
avait fait un instrument du culte en lui donnant un sens mystérieux[4]; il resta dès lors dans les sanctuaires, et son usage
dans la vie privée devait être bien limité; ce sont les pèlerins
et les croisés de retour du Levant qui le répandirent. Henri
Estienne a indiqué, dans un petit livre aujourd'hui très-rare[5],
les origines de l'éventail; le passage est curieux, mais ne
nous apprend rien :

« Nos dames Frãçoises doiuent aux dames italiennes ceste
« inuention d'esuentail : les Italieñes la doiuent aux anciennes
« Rommaines; ces dames de Romme la deuoyēt aux dames de
« Grece... »

Revenons à l'éventail religieux, au *flabellum*. « Un fameux
« évêque (Suarez), cité par le P. Bonanni, croit que les saints
« apôtres ont institué l'usage des éventails sacrés...L'apôtre
« S. Jàques en a recommandé l'usage dans sa Liturgie[6]... »

----

[1] Huc, t. I, p. 116.

[2] Peuples puissants qui occupèrent le Mexique depuis le vi⁰ siècle jusqu'à
la conquête.

[3] Antiquités américaines du Louvre, n⁰ˢ 109 et 121.

[4] Selon saint Jérôme « l'éventail nous marque la continence... » *Cérémonies et coutumes religieuses*, 1723, t. I, p. 68.

[5] *Deux dialogues du nouueau langage françois, italianizé, et autrement
desguizé...*, 1578, p. 162.

[6] *Cérémonies et coutumes religieuses*, t. I, p. 68.

Le flabellum est resté un des principaux insignes de la papauté, mais il ne sert plus au service divin depuis la fin
du xiiiᵉ siècle. On le tenait autrefois, pendant le saint sacrifice,
près de l'officiant, pour préserver celui-ci des rayons du soleil
et pour écarter les mouches.

On ne trouve le flabellum mentionné dans les premiers
siècles du moyen âge que dans les inventaires d'églises et
d'abbayes. Le comte de Laborde cite le flabellum d'argent de
Saint-Riquier (831)[1], celui de soie de Salisbury (1214), celui
de soie et d'or de l'église d'Amiens (1250), et celui de plumes
de paon de Saint-Paul de Londres (1295)[2]. Du Sommerard
signale le flabellum de la reine Théodelinde (600), que l'on
conserve encore dans la cathédrale de Monza.

Un de ces éventails est arrivé jusqu'à nous avec des garanties d'authenticité qui lui donnent plus de prix. Il était
conservé dans l'abbaye de Tournus[3] : « C'est une piéce rare et
« antique, dit l'auteur de l'histoire de cette abbaye, que, selon
« toute aparence, les moines de S. Filibert aportèrent (de
« Noirmoutiers) à Tournus, quand ils vinrent s'y établir[4] »
(en 875). Mabillon [5] et les pères Martène et Durand [6] en ont
parlé, le chanoine Juenin en a donné le dessin et la description; enfin ce flabellum est figuré dans l'ouvrage de M. du
Sommerard, *Les arts au moyen âge*[7]. Il est formé d'une large
bande de vélin plissée; l'un des bords est libre, l'autre est
froncé et fixé à l'extrémité supérieure du manche, de sorte

---

[1] Trésor de Centule (Saint-Riquier); inventaire fait en 831, lors de l'exil
de l'abbé Hélichasar.

[2] Glossaire et répertoire, dans le tome II de la *Notice des Émaux* du Louvre,
au mot *Esmouchoir*.

[3] Ce flabellum appartient à M. Carrand.

[4] *Nouvelle histoire de l'Abbaïe royale et collégiale de Saint-Filibert et de la
ville de Tournus, par un chanoine de la même abbaïe* (Pierre Juenin), 1733,
p. 45, 46, 47, et deux planches gravées.

[5] *Annales ordinis S. Benedicti*, t. IV, l. lvi, p. 356.

[6] *Voyage littéraire de deux religieux bénédictins de la congrégation de Saint-
Maur*, 1ʳᵉ partie, p. 231.

[7] T. V, p. 231 à 234; Atlas, chap. xiv, pl. 4, et ixᵉ série, pl. 17.

que cette bande, étant développée, forme une cocarde de
46 centimètres de diamètre, dont le sommet du manche est
le centre. La bande repliée se renferme entre des plaques
d'ivoire sculpté; le manche est également d'ivoire sculpté. Des
vers latins sont inscrits en capitales d'or de chaque côté de la
feuille sur les zones violettes du vélin. Des figures nimbées
d'or de saints et de saintes, dont les noms sont écrits en
onciales du ixe siècle, sont peintes entre ces zones, ainsi que
des rinceaux de feuillages byzantins entremêlés de monstres
et d'animaux. Les sujets des sculptures sont tirés des églogues
de Virgile. Ce flabellum est loin d'être d'un travail achevé; on
lit sur l'astragale inférieure du manche le nom de celui qui
l'a fait : *Iohel me s̄cae fecit in honore Mariae*. Il existait encore,
au commencement du xviiie siècle, un semblable éventail au
monastère de Prouille, de l'ordre de Saint-Dominique, dans
le diocèse de Toulouse [1].

Cette forme de cocarde est venue de l'Orient : du Japon,
de l'Inde ou de Byzance. La disposition du flabellum de
Tournus se rapporte à celle des rares éventails plissés que l'on
fait encore en Turquie, à Andrinople, et aux îles Séchelles;
on développe la feuille en la renversant sur le côté. L'éventail
japonais est construit d'une façon plus ingénieuse. Le manche
est surmonté de deux plaquettes de bois entre lesquelles la
bande plissée se renferme; le bord libre de celle-ci est en
haut, le bord froncé est en bas, un cordon y est attaché; trois
petits guidons placés entre les plaquettes règlent la course de
la feuille. En tirant celle-ci par le haut à l'aide d'une houppe
de soie, elle se développe en cercle, et on la replie en tirant
le cordon du bas.

Quant à l'éventail en quart de cercle, il est bien certainement d'origine japonaise; du Japon il a passé en Chine, et de
la Chine les Portugais l'ont apporté en Europe au xve siècle.
Alex. Fabri donne le costume des dames françaises de son
temps (1593) et d'une époque plus ancienne, d'une *Gallicana*

---

[1] *Voyage littéraire*, Ire partie, p. 232.

antiqua comme il dit [1]; ces dames tiennent des éventails en quart de cercle plissés.

En Italie, au xie et au xiie siècle, on portait des éventails de plumes en touffe [2]; ils avaient des manches d'ivoire ou même d'or très-ornés et quelquefois enrichis de pierreries. On employait des plumes d'autruche, de paon, de corbeau des Indes, de perroquet et d'autres oiseaux de plumage éclatant. Les dames attachaient ces grands éventails à une petite chaîne accrochée à la grosse chaîne d'or qui leur servait de ceinture [3]. Cette mode a duré jusqu'au xviie siècle, on suspendait encore alors à la ceinture l'éventail plissé [4].

L'esmouchoir était déjà assez connu en France au xiiie siècle pour être devenu un terme de comparaison : cependant il n'est pas parlé des ouvriers qui le faisaient dans le *Livre des mestiers* d'Étienne Boileau (1260). On trouve des preuves de son emploi dans la vie privée au xive siècle. La comtesse Mahaut d'Artois avait « un esmouchoir, à tout le manche d'argent » (1316), et la reine Clémence « un esmouchoir de soye broudé » (1328). On voit sur des miniatures de romans de chevalerie du xiiie et du xive siècle, des dames tenant à la main des éventails semblables à ceux qui sont encore en usage à Alger et à Tunis [5].

Un flabellum de soie avec manche d'ébène figure sur l'inventaire de Rochester (1346), et « un esmouchoir de drap « d'or, à fleur de lis, escartelé des armes de France et de Na- « varre, à un baston d'yvoire et de geste, prisé v francs d'or, » est porté sur le compte du testament de la reine Jehanne d'É- vreux (1372). Il y a sur l'inventaire du roi Charles V (1380) « un esmouchoir rond qui se ploye, en yvoire, aux armes de

---

[1] Fabri, *Diuersarum nationum ornatus*...

[2] Maria Luisa de Tassis, peinte par Van Dyck, tient à la main un éventail de ce genre.

[3] Bœttiger, p. 386 et 387.

[4] De S. Igny, *La noblesse françoise à l'église*, 10e pl.

[5] Ces éventails ont la forme d'un petit drapeau carré; on en fait de pareils en Asie.

« France et de Navarre, à un manche d'ybenus. » Cet esmouchoir,
formé de lames d'ivoire minces et mobiles, était certainement
pareil à ces éventails des Séchelles dont les lames sont de
feuilles de *laodicea*.

On faisait aussi, au XIV° siècle, des écrans à long manche qui
étaient agités par des serviteurs comme autrefois à Thèbes, à
Rome, et aujourd'hui dans l'Inde. Ce sont ceux qui sont dé-
signés dans ces passages de l'inventaire de Charles V : « Trois
« bannières, ou esmouchoers, de cuir ouvré, dont les deux ont
« les manches d'argent dorez. — Deux bannières de France,
« pour esmoucher le Roy quant il est à table, semées de fleurs
« de lys brodées de perles. »

Notons en passant que le mot *esventour* paraît, à la date de
1384, dans une charte, que Rabelais écrit *esvantoir*[1] et Brantôme *éventail*.

En suivant l'ordre des temps et en passant sous silence des
extraits de comptes et d'inventaires français et anglais que
M. de Laborde a consignés dans son *Glossaire*, nous arrivons à
François I°. M. le comte H. de Viel-Castel a eu en sa possession un éventail à quatre branches, d'ivoire découpé, qui portait dans un cartouche central la Salamandre. Les branches
représentaient des portiques sous lesquels se trouvaient de
charmantes figures de femmes; des arabesques et des masca-
rons très-habilement peints couvraient ces portiques. Le bord
de l'éventail était garni de plumes : c'est vers ce temps que
l'on a dû abandonner l'éventail rond plissé[2], et que l'on peut
rapporter un éventail dont la feuille est formée de bandes al-
ternatives de vélin découpé et de mica orné de fines peintures:
la monture est d'ivoire plein et se compose de deux panaches
et de huit brins étroits.

Catherine de Médicis mit en vogue, à la cour de France, les

---

[1] « Des esvantoirs de plume, de papier, de toile... » Livre IV, chap. XLIII.

[2] Dans un curieux manuscrit écrit sous le règne de François I°, on trouve
deux dames armées l'une d'un éventail de plumes, l'autre d'un éventail en
disque, qui semble fait de paille de riz. Nous devons ce renseignement à
M. Paulin Paris, de l'Institut.

éventails italiens, que l'on y connaissait déjà depuis la campagne de Louis XII; ils étaient faits et mis en vente par les parfumeurs italiens qui étaient venus à la suite de la reine. Brantôme dit qu'après la mort du roi son mari, Catherine de
Médicis « autour de sa devise avoit fait mettre des trophées,
« des miroirs cassez, des éventails et pennaches rompus.....
« le tout en signe de quitter toutes bombances mondaines. »

Henri III faisait grand usage de l'éventail, et voici la curieuse description que Pierre de l'Estoile en donne : « On luy
« mettoit, à la main droite, un instrument qui s'estendoit et se
« replioit en y donnant seulement un coup de doigt, que nous
« appelons ici un esventail; il estoit d'un velin aussi délicate
« ment découpé qu'il estoit possible, avec de la dentelle à l'en
« tour de pareille étoffe. Il estoit assez grand, car cela devoit
« servir comme d'un parasol pour se conserver du hasle, et pour
« donner quelque rafraischissement à ce teint délicat....
« Tous ceux que je pus voir aux autres chambres en avoient
« un aussi de mesme étoffe, ou de taffetas avec de la dentelle
« d'or et d'argent à l'entour [1]..... » Les éventails étaient alors
fort en vogue; « et plusieurs (dames) les aiment tant, dit Henri
« Estienne, de la façon qu'elles les font faire maintenät, que
« l'yuer venu, elles ne les peuuent abandonner : mais s'en
« estāt seruies l'esté pour se faire vent et contre la chaleur du
« soleil les font seruir l'yuer contre la chaleur du feu [2]. » M. de
Laborde n'a transcrit que le passage suivant de Brantôme
(1590) : « A la reine Éléonor un éventail avec un miroir de
« dans, tous garnis de pierreries de grande valeur. » Il y a dans
les *Mémoires* de Brantôme un fait qui offre plus d'intérêt :
« (La reine Marguerite) donna à la reine Louise de Lorraine
« une fois pour ses étrennes un évantail fait de nacre de perles,
« si beau et si riche, qu'on disoit être un chef-d'œuvre, et l'es
« timoit-on plus de douze cens écus [3]..... » Douze cents

---

[1] *Journal de Henri III; l'isle des Hermaphrodites.* Édit. de 1744, t. IV,
p. 26 et 27.

[2] *Dialogves du nouueau langage françois...* p. 162.

[3] *Mémoires,* édit. de 1739, t. I, p. 229.

écus, somme énorme, avec laquelle on aurait pu obtenir alors, en denrées et objets de commerce, ce qui se payerait aujourd'hui à peu près 24,750 francs [1].

L'usage de l'éventail, déjà si répandu dans toute l'Italie au xiv⁰ siècle, le fut plus encore pendant le xv⁰ et le xvi⁰ siècle; il suffit, pour s'en convaincre, de jeter les yeux sur les recueils de costumes du temps et notamment sur ceux de Fabri et de Vecellio [2]. Trois genres se partagèrent à peu près également la vogue pendant cette longue période :

1. Les éventails de plumes, qui étaient les plus anciens; Vecellio les met dans les mains de dames nobles de Milan, de Venise, de Mantoue, de Naples, de Firenza, de Pise, etc.

2. Les éventails en forme de drapeau et probablement d'origine sarrasine : on les voyait surtout à Venise, à Naples et à Padoue; ils étaient de drap d'or et de soie (*tessuto d'oro, e di seta, con bel disegno*).

3. Les éventails plissés, dont la mode venait peut-être de France; Fabri n'en place pas d'autres dans les mains des Françaises dont il donne le costume; on les portait à Rome, à Ferrare, à Turin, à Naples.

Les manches des éventails des dames nobles étaient souvent d'or ou d'argent, ils étaient suspendus à la ceinture par une chaîne d'or.

En Angleterre, du temps de la reine Élisabeth, on faisait les manches d'argent, et un éventail coûtait jusqu'à 40 livres sterling [3]. La reine Élisabeth en reçut un pour présent de nouvelle année, dont le manche était garni de diamants. Les éventails dont on se servait en Angleterre au xvi⁰ siècle, si l'on en juge par ceux que reproduit Fairholt, étaient de plumes d'autruche et ressemblaient à nos plumeaux [4].

---

[1] Nous devons cette estimation à M. C. Leber, l'auteur de l'*Essai sur l'appréciation de la fortune privée au moyen âge.*

[2] Cesare Vecellio, *Habiti antichi, e moderni, di diuersi parti del mondo.* Venise, 1590.

[3] Malone, commentateur de Shakespeare.

[4] Fairholt, *Glossary of costume in England.* Voir aussi Fabri, II⁰ p⁰., pl. 53.

Les frères de Bry représentent les dames portugaises de Goa avec des éventails plissés qui ont un petit manche droit (*Icones .... nationvm*, 1599).

Au XVIIe siècle, la mode des éventails est presque générale en Europe.

Pour l'Italie, le voyageur anglais Coryat écrit en 1608 : « Hommes et femmes portent des éventails pour se rafraîchir « pendant la chaleur en s'éventant souvent le visage. Presque « tous ces éventails sont élégants et jolis. La monture se compose « d'un morceau de papier peint et d'un petit manche de bois, « et le papier qui est collé dessus est des deux côtés très-curieuse-« ment orné d'excellentes peintures, soit de scènes d'amour « avec des vers italiens écrits au-dessous, soit de quelque ville « fameuse d'Italie avec une courte description. Ces éventails « sont à bas prix, car on peut en acheter un des plus beaux « pour une somme qui équivaut à un *groat* d'Angleterre [1]. »

En Espagne, l'éventail était en usage depuis longtemps. « Je ne doute pas, dit Henri Estienne, que les dames hespa-« gnoles n'ayent pris ceste inuention des italiennes aussi bien « que nous : encore que c'ait esté longtemps deuant nous... [2] » Les Espagnoles portaient, vers 1440, de grands écrans ronds, garnis de plumes [3], et, au XVIe siècle, des éventails plissés, enjolivés de dessins d'or et attachés à la ceinture par un cordon d'or [4]. Dans le XVIIe siècle, un peintre de genre renommé, Cano de Arevalo (1656 à 1690), s'était adonné entièrement à la peinture des éventails. Un trait de sa vie fait voir que ceux de Paris étaient alors très-recherchés : « La saison de vendre « étant arrivée, notre peintre supposa qu'il avait reçu de Paris « un envoi considérable, et en peu de jours il ne lui resta « aucun éventail (de ceux qu'il avait peints) [5]. »

----

[1] Le *groat* était une petite monnaie d'argent de la valeur de 4 deniers sterling.

[2] *Dialogves*, p. 164.

[3] Vecellio, 281.

[4] Album de Christian de Wurzbourg; Hefner, t. III, pl. 73.

[5] F. Quilliet, *Dictionnaire des peintres espagnols*, p. 50.

En Angleterre, pendant le xvii⁰ siècle, on abandonna les éventails de plumes pour adopter ceux qui se ployaient. A la suite de la révocation de l'édit de Nantes (1685), des éventaillistes français se réfugièrent à Londres, et donnèrent naissance à une industrie qui n'offrit jamais grand intérêt.

En France, l'usage des éventails était devenu, sous Henri IV, assez général pour donner lieu à une fabrication qui avait acquis de l'importance. Le droit de l'exercer était revendiqué par quatre ou cinq corps de métiers et notamment par les maîtres doreurs sur cuir, qui se fondaient sur l'article xii de leurs statuts, donnés en décembre 1594 : « Pourront garnir... Esuentails « faits avec canepin, taffetas et chevrottin, enrichis et enjolliuez, « ainsi qu'il plaira au marchand et seigneur le commander. » Un arrêt, rendu vers 1664, les débouta de leurs prétentions, et confirma les marchands merciers dans le privilége de faire peindre et dorer les éventails par les peintres et doreurs, et de les faire monter par qui bon leur semblerait. Sur la requête à lui présentée par « les maistres doreurs sur cuir et autres ou- « vriers exerçans le métier d'eventailliste, » au nombre de soixante, Louis XIV les constitua en corporation par un édit du 23 mars 1673; et un arrêt du conseil, du 11 août 1676, ayant renvoyé les requérants par-devant le lieutenant général de police, celui-ci donna enfin, par arrêt du 10 décembre 1676, des statuts aux corps et communauté des maîtres éventaillistes, faiseurs, compositeurs et monteurs d'éventails de Paris, sta- tuts qui furent confirmés par les édits des 15 janvier et fé- vrier 1678. Nous n'avons pas à nous occuper des contestations qui s'élevèrent entre la nouvelle communauté et les corps des peintres, des merciers, des peigniers-tabletiers, des papetiers colleurs, et qui étaient réglées au Châtelet.

Les gravures de Callot, de Saint-Igny, des frères de Bry et d'autres, les portraits du temps, nous montrent la forme des éventails au xvii⁰ siècle; nous savons par les statuts et les sen- tences quelle en était la matière : les feuilles étaient de cuir, de canepin, de franchipane (*sic*), de taffetas, de papier, et les bois d'ivoire, de nacre, d'or, d'argent, etc. Du reste les éventails du temps de Louis XIV ne sont pas rares, et l'on conserve encore en Provence ceux que Mme de Sévigné envoya à Mme de Grignan [1].

Les plus belles sculptures sur nacre datent de cette époque.

Les premiers éventails chinois qui soient venus en Europe ont été apportés en France vers le milieu du xviie siècle.

Nous arrivons au xviiie siècle. L'éventail est partout à la mode, en France, en Angleterre, en Italie, en Espagne, et la vogue est de plus en plus assurée aux éventails de Paris. C'est à Paris que la fabrication fait le plus de progrès, et, dès les premières années du règne de Louis XV, nulle part on n'imagine des modèles aussi élégants et l'on ne sait réunir autant de goût dans l'enjolivement à autant de délicatesse dans le travail.

Les éventails couverts de peau de senteur, dont autrefois quantité se faisait à Rome et en Espagne, sont délaissés, mais on n'en a pas moins fait en Italie, dans ce siècle, de fort belles choses. On y sculptait l'ivoire mieux qu'en France; le dessin est plus correct, les sujets, les ornements comme le style, ont souvent plus de sévérité.

Les éventails de la Chine, ceux de laque surtout, deviennent moins rares et sont très-recherchés; ils fournissent de précieux modèles pour la façon des bois et la monture des feuilles; ils donnèrent naissance, chez nous, à la fabrication des éventails dits *brisés*, qui ne remonte qu'à la fin du règne de Louis XIV. On fait faire en Chine des bois en ivoire ou en nacre, et l'on reçoit de ce pays des éventails plissés ronds que la mode adopte un instant. Les pères Martène et Durand disent du flabellum de Tournus qu'il a été fait à peu près comme ceux dont les dames se servaient à l'époque où ils écrivaient (vers 1715).

En Angleterre, on faisait des éventails de laque à l'imitation de ceux des Chinois; ils étaient montés avec une grande habileté. Après avoir fait de charmants ouvrages, les réfugiés

---

[1] *Lettres.* Édit. de Blaise, t. II, p. 69, avec une planche gravée qui représente la feuille de cet éventail, et t. IV, p. 289.

protestants français avaient perdu de leur goût et de la vivacité de leur esprit; à défaut d'idées nouvelles ils s'inspi-
rèrent de modèles chinois, et imaginèrent un genre bâtard
qui eut peu de succès. Aussi les éventails les plus répandus
étaient tirés de France, et Paris en faisait des envois considérables. L'usage en était devenu général, et Addison fait la
remarque qu'à cette époque une dame sans son éventail aurait
été aussi gênée qu'un gentilhomme sans son épée. Il fait, dans le
Spectator, la description d'une Académie où l'on enseigne la
manière de jouer de l'éventail (*the flutter of the fan*); Gay dit
dans des vers charmants quelle était alors la construction de
l'éventail et quel riche et élégant modèle la queue de paon
avait offert [1].

La place nous manque pour écrire l'histoire de la fabrication de l'éventail en France au xviiiᵉ siècle : c'est un travail
que rend facile l'existence de nombreux spécimens de l'art de
l'éventailliste à cette époque, retrouvés pour la plupart parfaitement conservés ou même neufs en Hollande et en Suède.
Les portraits nous auraient été également d'un grand secours :
nous nous bornerons à quelques indications.

Déjà, dans le xviiᵉ siècle, des artistes renommés avaient
donné des dessins pour éventails : le musée du Louvre en a
deux qui sont dus à Raymond de Lafage, dessinateur célèbre,
qui mourut vers 1680, et l'on en connaît que l'un des Stella
fit dans la manière du Poussin. Dans le xviiiᵉ siècle, Watteau,
Boucher et d'autres maîtres de leur école, firent également
de pareils dessins, mais il ne paraît pas qu'aucun d'eux ait
peint de feuilles. M. F. Reiset, dont nous avons consulté
les souvenirs, n'a vu qu'une seule feuille qui eût reçu de la
main d'un maître quelques coups de pinceau. C'était une
charmante ébauche de Watteau, sur vélin; le dessin à la san-
guine était relevé par un peu de gouache et des rehauts de
couleur; la feuille n'avait pas été plissée [2]. Il est probable que

---

[1] M. W. de La Ruë a cité les vers de Gay dans son rapport, *Reports by the Juries,* p. 1490.

[2] Cette feuille a figuré à la vente Bruzard.

Boucher a peint plusieurs feuilles d'éventail, mais l'originalité de celles qu'on lui attribue est souvent fort contestable. Il y avait, au temps dont nous parlons, des gens qui méritent le titre d'artistes, et qui, dessinateurs et peintres médiocres, avaient comme *praticiens* une grande habileté. Ils ont peint à la gouache, avec beaucoup d'art, des feuilles d'après les maîtres du xviie et du xviiie siècle, et surtout dans le style de Teniers, de Watteau et de Boucher. Les bordures et les ornements étaient faits par d'autres mains : si l'exécution n'en est pas irréprochable, elle est du moins ordinairement très-finie, et la composition est, en général, pleine de distinction et d'élégance.

Il en a été des bois d'éventails pour la sculpture, comme des feuilles pour la peinture; on ne cite pas de sculpteur de talent qui ait laissé quelque ouvrage de ce genre. Cependant on conserve de très-remarquables panaches d'ivoire ou de nacre du règne de Louis XV. Quant à la sculpture des brins de nacre ou d'ivoire, sans jamais avoir été à la hauteur d'un travail d'art, elle a été faite à Paris, notamment au milieu du siècle dernier, avec une délicatesse et un goût auxquels on n'a pas atteint depuis.

Un peintre en voitures, qui vivait au commencement du règne de Louis XV, et cherchait à imiter les laques de la Chine et du Japon, Martin, réussit à faire un vernis très-fin, brillant et durable, qu'il appliquait sur les peintures d'éventails d'ivoire. Ces éventails sont très-estimés.

On faisait, à cette époque, des éventails à bon marché, à 15 deniers, par exemple[1]; mais tout l'effort de la fabrication portait sur les ouvrages de prix, et le reste était négligé. Le contraire a lieu aujourd'hui. Mme Ch. Reybaud nous a donné, à ce sujet, cette note curieuse : « J'ai possédé un éventail de « famille d'une date certaine, il était de 1715, et se trouvait « dans la corbeille de mariage de la mère de mon arrière-« grand'mère. C'était un immense éventail à bâtons de bois

____

[1] Savary, t. II, 1928.

« incrusté d'ivoire; la feuille de papier, assez grossière, repré-
« sentait une sorte de fouillis, il y avait pêle-mêle des figures,
« des trophées champêtres, des chansons écrites à la main,
« des fleurs fantastiques, etc. Somme toute, c'était fort laid. »

On comptait à Paris, en 1753, cent cinquante maîtres éventaillistes, et un livre très-curieux, publié à La Haye en 1754,
le *Journal du Citoyen*, nous fait connaître les prix des éventails que l'on faisait alors à Paris[1] : « Les éventails de bois de
« palissende valent de 6 à 18 livres la douzaine.

« Les éventails en bois d'or, de 9 à 36 livres la douzaine.

« Les éventails en bois demi-yvoire, c'est-à-dire les mais-
« tres brins en yvoire et la gorge en os, de 24 à 72 livres la
« douzaine.

« Les éventails bois d'yvoire, de 48 à 60 livres la douzaine.
« Il y en a de plus chers. » Savary parle de 30 à 40 pistoles la
pièce.

Les feuilles étaient de peau parfumée ou de papier; les
montures étaient souvent enrichies d'or, de pierres fines et
d'émaux peints.

Les éventaillistes furent réunis aux tabletiers et aux luthiers
par l'édit du 11 août 1776, et, par le même édit, la peinture
et le vernis relatifs à ces professions leur furent attribués en
concurrence avec les peintres-sculpteurs.

Nous ne citerons des sentences rendues par le lieutenant
général de police que celle du 22 mai 1778, qui enjoignait
aux marchands forains d'apporter directement les bois d'éventails au bureau de la corporation pour y être visités. A cette
occasion les « fabricants et ouvriers forains de tabletterie,
« lutherie et bois d'éventails de Méru et autres lieux circonvoi-
« sins », établirent, dans un mémoire (21 octobre 1778), qu'ils
fabriquaient ces bois depuis un grand nombre d'années, et
qu'ils les avaient toujours fait conduire à Paris par le messa-
ger « à l'hôtellerie où pend pour enseigne le Lion d'argent,
« rue Bourg l'Abbé. » Mais on ne faisait, à Méru et aux envi-

---

[1] Page 345.

rons, que des bois découpés; ce n'est que depuis 1827 que des ouvriers s'y sont adonnés à la gravure, à la sculpture et à la dorure.

Un article a été consacré à l'art de l'éventailliste dans l'*Encyclopédie méthodique*[1], et fournit des renseignements précis sur la fabrication à la fin du xviiie siècle. La feuille était de peau, de taffetas, de gaze, et plus souvent de papier; le pied était fait de bois, d'ivoire, d'écaille, de baleine ou de roseau, et l'on réservait pour les plus belles feuilles les montures qui venaient de la Chine.

L'opération du pliage, telle qu'on la pratiquait autrefois, était assez compliquée, et l'on en trouve dans l'*Encyclopédie* une description détaillée. Le *moule* qui sert à présent à diviser et à former les plis de la feuille a été imaginé vers 1760, et la fabrication en est restée, depuis cette époque, dans la famille Petit.

FABRICATION EN FRANCE DEPUIS LE COMMENCEMENT DU XIXe SIÈCLE.

Depuis le règne de Louis XV, la fabrication n'a réellement pas fait de progrès : l'art est devenu une industrie. Les modifications que l'on a introduites dans le travail ont eu pour but principal de produire plus promptement et à plus bas prix, et pour effet de changer souvent les modèles et les matériaux. En Chine, en Italie, en Angleterre, on a cessé de faire, de nos jours, des ouvrages qui égalent ceux d'autrefois. Il n'y a qu'à Paris que l'on ait réussi à imiter les ouvrages les plus estimés du xviie et du xviiie siècle et à faire de fort beaux éventails originaux.

Les perfectionnements *industriels* datent de la suppression des maîtrises; ils n'ont été sensibles que depuis 1806, et n'offrent véritablement de l'intérêt que depuis 1834. Avant de les signaler, il est utile de dire quelques mots de la construction de l'éventail[2].

---

[1] *Arts et métiers mécaniques*, 1783, t. II, p. 497-502.

[2] Il y a, dans le *Dictionnaire du commerce et des marchandises* (1837-39), un bon article sur les éventails, qui est de M. Duvelleroy.

L'éventail se compose de deux parties bien distinctes : la monture et la feuille. Chacune de ces parties est faite par des fabricants différents.

La monture s'appelle, en langage du métier, le *pied* ou le *bois*. Pour faire ce *pied*, on commence par scier ou *débiter*, dans un même morceau de bois, d'ivoire, de nacre ou d'os, les *brins* qui, réunis, forment la *gorge* ou le *dedans*, et les deux longues branches extérieures destinées à protéger la feuille l'éventail étant fermé, et que l'on nomme *maîtres brins* ou *panaches*. Les brins et les panaches passent des mains du *débiteur*, dans celles du *façonneur*, qui donne au pied avec la lime la façon et la forme convenues. Le pied ainsi préparé arrive successivement au *polisseur*, au *découpeur*, au *graveur*, au *sculpteur*, au *doreur*, au *poseur de paillettes* d'or, d'argent, d'acier, etc. Le pied est alors achevé ; du département de l'Oise il est envoyé à Paris, à la fabrique sur les dessins de laquelle on a exécuté cette première série de travaux, et la *tête* reçoit la *rivure*, c'est-à-dire la broche de métal garnie de deux petits yeux qui réunit les brins et les panaches.

La feuille est quelquefois simple et le plus souvent double ; elle est faite soit de vélin, de parchemin, de canepin, soit de papier, de taffetas, de satin, de crêpe ou de gaze de soie. Le papier est doublé parfois d'une peau mince de chevreau appelée *cabretille*. Un dessinateur compose le sujet, que l'on fait lithographier ou graver, et que l'on remet ensuite à la *coloriste*.

Les feuilles des éventails riches sont peintes à la gouache sur vélin, ou à l'aquarelle sur papier ; ce travail, qui est exécuté habituellement par des artistes connus sous le nom de *feuillistes*, est confié quelquefois, pour les pièces d'un grand prix, à des peintres renommés. La feuille d'un éventail exposé à Londres était signée par Camille Roqueplan.

Quand la feuille est prête, on la plisse dans un moule de papier très-fort, puis on la fixe sur la monture en ouvrant les plis à l'aide de la sonde et en y introduisant les *flèches* ou *bouts* minces et flexibles qui sont le prolongement des brins.

La bordure est ensuite dessinée ou imprimée avec un mordant, et dorée en faux ou à l'or fin.

Le *décorateur* complète l'enjolivement de la feuille, du pied et des panaches par des ornements d'or, de bronze, de couleur, par de petits miroirs, etc. Enfin une ouvrière fait la *visite;* c'est elle qui donne à l'éventail la dernière façon, les dernières retouches, qui pose les glands, les houppes, les marabouts, qui assortit les étuis, etc.

Ainsi la fabrication de l'éventail occupe 18 à 20 ouvriers différents, et se divise en trois séries :

1° Travail du *pied,* qui est ouvré et orné par le débiteur, le façonneur, le polisseur, le découpeur, le graveur, le sculpteur, le doreur, le pailleteur, le riveur et quelquefois le bijoutier pour sertir la pierre de la rivure.

2° Travail de la *feuille* qui réclame la colleuse, le dessinateur, l'imprimeur, la coloriste, le peintre, la plisseuse.

3° Travail d'ensemble auquel la monteuse, le borduriste, le décorateur et la visiteuse sont employés.

Le pied est fabriqué principalement dans les communes d'Andeville, du Déluge, de la Boissière, de Corbecerf et de Sainte-Geneviève. Parmi les tabletiers qui peuplent le pays situé entre Méru et Beauvais, dans le département de l'Oise, 1,200 ouvriers environ, hommes, femmes et enfants, sont occupés à l'industrie de l'éventail, et la production est d'environ 1,400,000 francs. Les matières qu'ils façonnent sont, à Andeville, la nacre et les bois des îles; à Corbecerf et au Déluge, l'alisier, le poirier, le pommier; à La Boissière, l'os; au Petit-Fercourt, l'ivoire, la nacre et l'os.

Tous ces paysans, qui ne savent rien du dessin, gravent et sculptent avec hardiesse. Au moyen de petites scies qu'ils font eux-mêmes avec des ressorts de montre, ils découpent ces dentelles fines et variées qui donnent aux brins tant de légèreté.

C'est à Paris qu'on imprime ou que l'on peint la feuille et que l'on monte l'éventail; cette dernière opération a lieu ordinairement chez l'éventailliste. Celui-ci réunit en un faisceau

tous ces travaux isolés : il donne le dessin aux paysans de
l'Oise, il dirige le feuilliste, il choisit et fait exécuter les ornements des brins et des panaches, et combine toutes ces façons
diverses de manière à obtenir, au meilleur marché possible,
un produit original et bien fait.

Les essais entrepris à plusieurs reprises, depuis 1810, pour
débiter et façonner les brins à la mécanique, n'ont pas amené
de résultats assez satisfaisants pour faire renoncer au travail
à la main. Cependant trois machines fonctionnent, deux pour
débiter l'os à Sainte-Geneviève et à Hermes, et une pour façonner aussi l'os à Sainte-Geneviève. Les débiteurs et les façonneurs les plus habiles sont dans le département de l'Oise,
et, si l'on se rend compte des soins et de l'économie de matière auxquels les ouvriers sont astreints, on comprendra les
difficultés qui s'opposent à l'emploi de la mécanique. Les
outils pour le travail à la main sont, à peu de chose près, les
mêmes qu'autrefois. Dans l'Oise, les façonneurs gagnent de 1
à 4 francs par jour.

Puisque nous nous occupons des brins, nous ferons observer que leurs dimensions et leur nombre ont singulièrement
varié depuis François I⁰ʳ. Au milieu du xvi⁰ siècle, le nombre
de brins varia de 4 à 18; on dit qu'il s'éleva à 24 et à 26
sous Henri III, et, bien qu'il ait été réduit sous Louis XIV, il
était encore ordinairement de 18 à 21. C'est à peu près la
quantité que l'on compte dans les éventails du règne de
Louis XV, et celle qui est consignée dans Savary et l'*Encyclopédie*; il n'y a plus que 12 à 14 brins dans ceux de la fin du
règne de Louis XVI. On est revenu aujourd'hui, pour les
beaux éventails, aux 18 et 20 brins sveltes et rapprochés,
genre Louis XV.

La hauteur relative de la gorge et de la feuille a été modifiée
notablement à deux époques, vers 1720 et vers 1841. Les
éventails du temps de Louis XIV étaient bas de gorge; les
brins assez étroits formaient, déployés, une surface non in-
terrompue. Sous Louis XV, on élargit les brins et l'on donna
moins de hauteur à la feuille; on conserva à peu près la même

proportion sous Louis XVI, avec cette différence que l'on fit des brins très-étroits et très-espacés. On était revenu, vers 1800, à n'avoir que 6 à 7 centimètres de gorge; celle-ci fut portée à 8 centimètres vers 1813, et à 19 centimètres en 1841.

La longueur des brins est restée presque toujours la même; on ne la réduisit que pour les éventails brisés et les éventails d'ivoire peint vernissés par Martin, les premiers remontent à la fin de Louis XIV, et les seconds appartiennent à la seconde moitié du règne de Louis XV.

Quand l'éventail brisé revint en faveur en 1804, on imagina d'employer à sa fabrication l'acier, le cuivre, l'argent, la peau d'âne, le carton; les brins étaient courts, ils étaient faits au découpoir, ainsi que les jours qui les ornaient. C'est également le découpoir qui servait à enjoliver les brins des éventails brisés faits en corne qui étaient à la mode vers 1829-1830. Duméry employa le premier le découpoir vers 1805; Mauduit s'en servit, en 1810, dans la fabrication de bois communs pour l'Espagne. Lorsque les éventails eurent repris leurs branches élancées et bien proportionnées, on cessa d'user de métaux, de peau d'âne et de corne.

Les panaches et les brins de nacre ou d'ivoire sont découpés, sculptés, gravés; la gravure est le moins souvent employée. Il est rare qu'une monture reçoive ces trois façons, mais, dès qu'elle a une certaine valeur, elle est repercée et sculptée.

La découpure est faite soit à la scie, soit à l'outil; on s'est aussi servi du découpoir. Les reperceurs gagnent de 1 fr. 25 cent. à 5 francs par jour. Le travail à l'outil, plus difficile et plus long que celui de la scie, est à peu près abandonné; on a de beaux spécimens de ce mode de découpure qui datent du règne de Louis XVI. Il y a, dans les villages du département de l'Oise, des reperceurs très-habiles; nous citerons Poilleux, Toupillier, Désiré Fleury. Ce dernier, qui habite le Petit-Fercourt, a découpé les dentelles des plus riches éventails que M. Duvelleroy et MM. Ducrot et Petit avaient exposés à Londres; il nous a montré du tulle de nacre ayant deux cent cinquante-six trous au centimètre carré. Sous l'Empire, le meilleur découpeur à la scie était un nommé Dufour, dont il reste de charmants ouvrages. La famille Lesieur a fourni, sous l'Empire, la Restauration et le règne de Louis-Philippe, quatre reperceurs dignes d'être cités.

C'est de 1824 à 1830 que l'on a fait de si grandes quantités d'éventails brisés, dont les brins de peau d'âne étaient ornés de découpures à la scie très-délicates.

Si la découpure est exécutée aujourd'hui d'une façon supérieure, on n'en saurait dire autant de la sculpture. Nous n'avons encore vu rien qui soit comparable aux belles montures du temps de Louis XIV. Il est juste de dire que, de 1790 à 1840, les gorges et les panaches sculptés ont été peu recherchés; cependant on a quelques panaches d'ivoire de la fin de l'Empire qui ont été sculptés avec assez de soin par un nommé Jopleir. Vers 1839, la mode adopta les brins larges et hauts et les petites feuilles [1], et, pour décorer cette large surface de nacre ou d'ivoire, il fallut recourir au sculpteur et au graveur. C'est alors que les paysans des villages d'Andeville, de Sainte-Geneviève, du Petit-Fercourt, s'exercèrent à manier le ciseau et le burin. Quelques-uns ont acquis un certain talent, entre autres Fleury Marthe, Lanoix Bastard, Stanislas Toupillier, Taupinard, Mmes Lancy, Dourain et Bastard, mais il leur manque à tous une connaissance essentielle, celle du dessin [2]. Les ouvriers sculpteurs gagnent de 2 fr. 50 cent. à 7 francs par jour.

On a remplacé, pour les éventails ordinaires, la sculpture par des reliefs qui sont obtenus par divers procédés. Le plus ancien procédé (il date du Consulat) consiste dans l'emploi simultané de matrices chauffées et d'une forte pression [3]; le plus récent, dû à Jarle, en 1843, consiste dans l'application

---

[1] De 8 centimètres de haut, au lieu de 14.

[2] Il y a à Paris un sculpteur plus habile que ceux dont nous parlons, c'est Aloïse.

[3] Cette gaufrure du bois se faisait ordinairement sur cèdre et sur les panaches seulement : les spécimens que nous avons vus datent de 1800, 1808, 1815 et 1825.

d'une pâte de blanc d'Espagne et de gomme de chaque côté
des brins, qui, recouverts ensuite de papier doré ou de couleur, sont placés entre deux matrices et soumis à une pression
suffisante.

Les feuilles ont subi au moins autant de changements que
les montures. Autrefois on ne se servait guère que de canepin,
de vélin, de cuir. Le taffetas était déjà usité sous Henri III;
le papier fut employé sous Louis XIV [1], et l'on fit alors beaucoup de dessins de fleurs en or sur fond d'argent [2]; on doit à
Papillon, le célèbre graveur sur bois, les procédés de gaufrure or et argent de papiers d'éventail qui étaient en vogue vers 1778 [3]. Sous Louis XVI, on a fait de charmantes
imitations d'éventails chinois de papier; on s'est aussi beaucoup servi de gaze, de crêpe, de satin, de taffetas, et l'on
ornait ces tissus de broderies, de paillettes et de peintures.

Sous l'Empire et les premières années de la Restauration,
les feuilles peintes étaient rarement demandées. Les éventails
brisés étaient en faveur : on les décorait de diverses façons,
soit avec des gravures décalquées, avec des gravures ou des
dessins collés, soit avec des paillettes de cuivre, d'acier, etc.
C'est à cette époque que parurent les éventails brisés pour
bal, en peau d'âne, sur laquelle les dames écrivaient avec une
épingle d'argent les noms de leurs cavaliers. Il faut arriver à
1828 pour trouver un perfectionnement dans la fabrication.

De 1828 à 1830, M. Léger-Pomel appliqua la lithochromie à la feuille d'éventail, et c'est à cette époque qu'il faut
placer les premiers essais sérieux d'imitation d'anciens éventails. Une dame Léré et Buissot s'en étaient déjà occupés, mais
sans succès, lorsque, en 1829, la duchesse de Berry, donnant
un grand bal, forma un quadrille devenu célèbre, dont les
personnages portèrent le costume du temps de Marie Stuart.
Vanier réunit les éventails les plus anciens et les plus beaux,

[1] «Quatre cercles tendus de papier double doré.» (*Saisie de septembre
1682.*)

[2] Savary, t. I, 1928.

[3] Encycl. méth., *Arts et métiers méc.*, t. II, p. 493.

fit pour cette occasion quelques éventails du milieu du
XVIᵉ siècle[1], et s'adonna dès lors à cette spécialité. Toutefois,
de 1790 à 1836, on peut dire que, s'il a été fait beaucoup
d'essais, d'efforts et d'affaires, il n'a été fabriqué rien de
vraiment remarquable. L'éventail ancien avait bien été remis
en honneur par la duchesse de Berry, mais la mode en dura
peu. Le duc d'Orléans, vers 1836, se plut à faire revivre le
goût de ces charmants spécimens de l'art élégant des deux
derniers siècles; il y réussit, et si la période de 1836 à 1846
fut si brillante pour cette industrie, c'est certainement à ce
prince qu'elle doit cette prospérité.

On se prit de passion pour les éventails anciens, on les re-
chercha partout et on les enleva à tout prix. On en trouva un
grand nombre en Hollande et en Suède, et entre autres de
fort belles feuilles peintes non montées : ces feuilles dataient
des règnes de Louis XIV et de Louis XV; quelques-unes, qui
étaient montées, étaient peut-être un peu plus anciennes.

Le goût des éventails anciens devint tellement vif, que plusieurs éventaillistes s'exercèrent à les imiter. Les peintres et
les sculpteurs manquaient, mais grâce à un homme très-habile, Desrochers, qui se mit à la tête de cette petite branche
d'industrie, on arriva à exécuter des ouvrages qui soutiennent
la comparaison avec les chefs-d'œuvre du XVIIIᵉ siècle.

Nous avons été curieux de nous rendre compte de la valeur relative des éventails anciens et de leurs imitations dans
ces vingt dernières années. Auparavant, de 1800 à 1834,
les éventails anciens étaient généralement considérés comme
des objets de curiosité et n'étaient portés que par de grandes
dames. De 1835 à 1846, les éventails anciens les plus demandés coûtaient de 200 à 600 francs, et les imitations, de
300 à 500 francs; de 1850 à 1853, l'éventail ancien est devenu
plus rare et se vend de 500 à 1,200 francs, l'éventail moderne vaut de 150 à 400 francs.

---

[1] Ce sont des éventails de plumes d'autruche. Voir *le quadrille de Marie
Stuart*, lithographies d'Eugène Lamy.

On commença à faire, en 1840, des lithographies destinées soit à être simplement collées ou décalquées sur les brins, soit à former la feuille. Vers le même temps, un fabricant intelligent, T. Mayer, perfectionnait l'application de la lithochromie à l'impression des feuilles, et son exemple était suivi par plusieurs imprimeurs. M. Duvelleroy prenait, dès 1842, une part distinguée à ces innovations. Mme Dupré et lui s'adonnaient alors avec succès à la fabrication de tous les genres pour l'exportation.

Enfin les années 1845 et 1846 virent se produire d'intéressants essais de fabrication des montures que nous avons signalés plus haut.

La révolution de 1848 aurait anéanti l'industrie de l'éventail, si les commandes pour l'exportation avaient fait défaut. La production était, à Paris, de 3 millions en 1847, elle fut réduite à 1,600,000 francs en 1848; sur 565 ouvriers, hommes et femmes, 315 restèrent sans ouvrage pendant une partie de cette malheureuse année.

Au jour où nous écrivons, l'industrie des éventails, sans avoir recouvré son ancienne prospérité, est dans une situation florissante. Concentrée à Paris et dans quelques communes du département de l'Oise, elle a une organisation particulière, qui a pour trait principal une extrême division de travail. Le temps nous manque pour montrer les déplacements successifs de cette industrie et l'influence qu'elle a exercée sur les populations rurales de l'Oise, influence plus favorable à leur condition matérielle qu'à leur moralité.

Il nous reste à dire un mot du bas prix auquel on est parvenu à fabriquer les éventails communs, qui sont principalement demandés en Italie et aux États-Unis. On les vend de 7 à 8 francs la grosse : nous avons sous les yeux un de ces éventails qui vaut *cinq centimes*. Les maîtres-brins sont de bois et ont 16 centimètres de haut; la feuille est double, tendue sur 12 brins et imprimée à la planche d'un seul côté.

On achète la monture. . . . . 3ᶠ 5oᶜ la grosse

    —   la feuille. . . . . 1 25   —

La rivure coûte, matière et façon. . . . . .   6o   —

Le plissage et la pose de la feuille sur le
bois reviennent à . . . . 1 25   —

                                   6 6o   —

On compte 10 p. o/o pour les frais géné-
raux et le bénéfice. 66   —

              Total. . . . . 7 26 la grosse

ou 6o centimes la douzaine.

Et les ouvriers qui prennent part à cette fabrication gagnent
bien leur vie.

FABRICANTS FRANÇAIS RÉCOMPENSÉS AUX EXPOSITIONS NATIONALES
ET À L'EXPOSITION UNIVERSELLE.

De 1798 à 1819.

Le ministère de l'intérieur constatait, en 1806, que « la
France est en possession de fournir d'éventails l'Amérique et
une grande partie de l'Europe[1] ; » et la Chambre de commerce
de Paris écrivait, le 28 mars 1807, au ministre de l'intérieur :

« . . . . Il y avait (à Paris) à peu près cinquante fabricants
d'éventails avant la Révolution, qui occupaient ensemble soit
dans leurs ateliers, soit en chambre, deux mille ouvriers et
quatre mille ouvrières de tout âge. Depuis la Révolution, il s'est
créé trois à quatre cents éventaillistes, dont les deux tiers ont
culbuté surtout depuis que les femmes ont substitué le ridicule
à l'éventail. »

En 1816, le gouvernement autrichien prohiba les éventails
français dans la partie de l'Italie soumise à sa domination ; et
l'Espagne les frappa d'un droit d'entrée triple de celui qu'en

---

[1] Exposition de 1806. *Notices*, p. 193.

payait auparavant : aussi la fabrication fut-elle diminuée des deux tiers.

Aucun brevet n'a été pris dans cette période pour des éventails; aucun fabricant n'a paru aux cinq premières expositions.

De 1820 à 1834.

Les guerres intestines de l'Amérique du Sud et, en 1825, la prohibition à l'entrée en Espagne des éventails d'un prix inférieur à 5o réaux la pièce, ou 15o francs la douzaine, firent tomber cette industrie, déjà en souffrance, dans un état de langueur dont elle ne se releva que vers 1834.

En 1827, il n'y avait, à Paris, que 15 fabricants d'éventails, qui employaient 1,000 ouvriers à Paris et 1,200 dans le département de l'Oise. Les 1,000 ouvriers parisiens, 334 hommes, 500 femmes et 166 enfants, se divisaient comme suit :

Peintres en figures	21
Peintres en fleurs	27
Monteurs et monteuses	300
Riveurs	24
Enjoliveurs	12
Découpeurs	32
Borduristes	230
Feuillistes	25
Enlumineurs	240
Imprimeurs	21
Colleurs	18
Vernisseurs	10
Bijoutiers	8
Empaqueteurs et visiteuses	32

La valeur totale des éventails fabriqués en 1827 par les 15 établissements était portée à 1,013,000 francs, dont le dixième seulement était présumé se vendre en France. On estimait alors que la matière première représentait 21 p. o/o de la valeur du produit, et la main-d'œuvre, 79 p. o/o[1].

A l'Exposition de 1823, M. Duméril, de Saint-Jean-du-Sault (Yonne), reçut une mention pour des éventails d'acier poli, et M. Decannecaude, d'Andeville, une citation pour des éventails de corne.

Mme v^e Dupré et Cie obtint, à l'Exposition de 1834, la médaille de bronze. Le rapporteur du jury central, M. le baron Charles Dupin, signala des éventails recouverts d'une espèce de marqueterie d'écaille, d'ivoire et de nacre, dite *burgos,* et des éventails à cinq centimes la pièce.

De 1835 à 1851.

La fabrication des éventails redevint peu à peu plus active, et, de 1840 à 1846, elle reprit une partie de son ancienne importance. La crise de 1847 et la Révolution de 1848 lui ont été funestes, et ce n'est que depuis la fin de 1851 que cette industrie est entrée dans une nouvelle voie de prospérité.

En 1847, on comptait à Paris 122 fabricants d'éventails, savoir :

		Ouvriers.	Import. des affaires.
22	éventaillistes.	269	2,122,500[f]
8	fabricants de feuilles d'éventails. . .	113	354,000
41	peintres et coloristes d'éventails. . .	73	143,060
3	glaceurs et satineurs de papiers pour éventails.	20	90,500
4	fabricants de garnitures d'or, d'argent, etc.	26	81,200
3	raccommodeurs d'éventails.	14	36,800
3	fabricants d'écrans	11	24,200
84	A reporter.	526	2,852,260

[1] *Recherches statistiques sur la ville de Paris et le département de la Seine,* 1829; tableau n° 118.

84	Report	526	2,852,260[1]
21	monteurs d'éventails	10	20,390
6	borduristes	7	14,050
5	polisseurs et vernisseurs	7	10,300
3	fabricants de montures	4	8,000
3	riveurs sur pierre	11	7,800
122		565	2,912,800

La moyenne du salaire des hommes était de 3 fr. 70 cent., et la moyenne de celui des femmes, de 2 fr. 15 cent. par jour.

Les 565 ouvriers se divisaient en 252 hommes, dont 128 travaillaient à l'atelier; 264 femmes, dont 136 à l'atelier, 29 jeunes garçons et 20 jeunes filles[1].

Le premier brevet qui ait été pris pour des éventails ne date que de 1838. Il fut délivré à un nommé Lebel, pour un éventail portant, d'un côté, une lorgnette, de l'autre, une tabatière ou une cassolette. L'idée n'était pas neuve; car, déjà en 1780, on avait imaginé d'enchâsser une lorgnette dans les panaches[2].

Le nombre total des brevets, de 1838 à 1852, est de 17, dont 4 en 1845, 3 en 1846 et 2 en 1847.

Les éventaillistes ont fait défaut à l'Exposition de 1839; on ne peut guère citer que M. Geoffroy-Feret, de Beauvais, qui avait envoyé, entre autres objets de tabletterie, des montures de nacre et d'ivoire.

Le jury central de 1844 décerna la médaille de bronze à Mᵐᵉ veuve DUPRÉ et à M. DUVELLEROY; il mentionna honorablement MM. CABANES et MARINE-HEIT.

A l'Exposition de 1849, l'industrie de l'éventail était représentée par un plus grand nombre de fabricants et par de bons produits.

---

[1] *Statistique de l'industrie à Paris,* p. 791-794.
[2] Encycl. méth. *Arts et métiers mécaniques,* t. II, p. 499.

Médaille d'argent. — M. Duvelleroy.

Médailles de bronze. — Mme veuve Isidore Dupré et M. Aubéry; M. Félix Alexandre.

On comptait, à l'Exposition universelle de Londres, 30 exposants d'éventails, dont trois français, les seuls qui aient été récompensés.

Médailles de prix. — M. Félix Alexandre : imitations d'éventails anciens faites avec beaucoup d'art; feuilles peintes avec habileté; M. Duvelleroy : Éventails pour l'exportation, depuis 50 centimes jusqu'à 5 francs la douzaine, fabriqués avec soin et d'après une connaissance parfaite des goûts et des usages étrangers; éventails de prix d'une belle exécution.

Mention honorable. — MM. Ducrot et Petit : Moules pour plisser les feuilles; éventails de bonne fabrication courante.

EXAMEN DES ÉVENTAILS ET DES ÉCRANS EXPOSÉS À LONDRES.

OCÉANIE.

On fait à Bawian, à Singapour et dans les îles voisines, de grossiers éventails de bambou et de rotin fendu et tressé, qui ont la forme de drapeau ou de hache. On avait exposé un écran de vétiver qui venait de Sumatra; le manche était d'ivoire sculpté. Des écrans de paille fine avec manches de laque, et certainement de fabrique chinoise, avaient été envoyés de Singapour : ils étaient les uns en forme de cœur ou de hache, les autres ronds ou ovales; la bordure était de drap rouge et la surface enjolivée de dessins faits avec des fils de soie. Un vannier d'Hobart-Town avait présenté un écran de saule fendu et tressé.

AMÉRIQUE.

Il n'était venu des États-Unis que des chasse-mouches en plumes de paon, et du Canada qu'un écran d'écorce et des éventails des Indiens iroquois qui résident à Caughnawaya, près de Montréal. Les Indiens du cap Breton, dans la Nouvelle-Écosse, font, avec les piquants d'une espèce de porc-épic, des écrans qu'ils doublent d'une écorce légère, et qui se distinguent

par l'originalité des dessins et l'éclat des couleurs. Les fibres
du palmier Ita (*Mauritia flexuosa*) tressées, sont employées à
faire, à la Nouvelle-Grenade et à la Trinité, des éventails appelés *guareguare* par les Indiens; il n'ont pas de manche le plus
souvent, sont en forme de hache ou à cinq pans et servent à
raviver le feu. Quelques-uns, à l'usage des dames, sont plus
fins et rayés de noir, de jaune ou de rouge. Les chasse-mouches
des Indiens de la Nouvelle-Guyane sont des plus grossiers.

AFRIQUE.

Les éventails faits à Mahé avec la feuille de *laodicea* rap-
pellent par leur construction les premiers modèles byzantins.
Ceux que les voyageurs ont rapportés du pays des Achantis
(côte occidentale d'Afrique) se composent d'un cercle de bois
tendu de peau de bœuf ou de chèvre, encore couverte de poils,
et d'un manche de bois qui est entouré de lanières de cuir
rouge. Les femmes des peuplades riveraines du Niger se servent d'éventails tressés avec des fibres de palmier ou des
joncs, et ressemblant à de petits drapeaux; on fait, à Egga et
à Ibo, des ouvrages de sparterie de ce genre d'une grande
finesse, et, dans les environs de Sierra-Leone, des écrans de
joncs de diverses couleurs tressés avec adresse.

Tunis avait envoyé de petits éventails de même forme que
ceux du Niger, mais découpés à jour et enjolivés de paillettes,
de broderies et de houppes de soie. Les écrans de Tripoli
étaient de plumes d'autruche blanches ou noires.

L'Égypte, où l'usage de l'éventail remonte à une si haute
antiquité, n'avait exposé que des éventails de plumes d'autruche ou de paon, et des chasse-mouches faits de feuilles
de dattier ou de plumes de paon. La fabrication de ces objets
est grossière; il y a beaucoup d'ornements, mais dessinés
sans goût et appliqués sans soin; les manches sont souvent
d'ivoire. Les prix sont modiques : un chasse-mouches de plumes de paon, avec manche d'ivoire, coûte à peine 10 francs,
et un grand éventail de plumes d'autruche noires ne vaut que
4 francs.

Bien que l'industrie chinoise fût représentée d'une façon incomplète, il n'y avait pas moins de vingt genres différents d'éventails plissés et de douze genres d'écrans à main, tous faits particulièrement pour la consommation européenne ou américaine. Les éventails de laque ou de plumes peintes, les éventails *brisés* de filigrane d'argent, de sandal ou d'ivoire, les écrans de queues de faisan argus et ceux de marceline brodée sans envers étaient en plus grand nombre.

On ne saurait s'imaginer l'importance de cette fabrication.

« Les Chinois portent tous un éventail à la main, » écrivait Ghirardini en 1698[1]. Cela est toujours vrai, et celui qui estimait à un milliard le nombre des éventails et écrans qui se font annuellement en Chine ne saurait être taxé d'exagération.

Il y avait quelques éventails japonais dont la feuille était d'une espèce de colle de poisson[2]; nous n'avons vu aucun éventail de la Cochinchine ou du Tonquin[3].

L'Inde avait fourni les plus riches éventails. Ceux de ce pays ne sont pas plissés, ce sont des écrans dont la forme et la grandeur sont très-variées. Les uns sont si larges et ont des manches si longs, qu'ils tiennent lieu de parasols; d'autres, dont les manches ne sont pas moins longs et qui sont formés d'une feuille entière de *tal* (*borassus flabelliformis*), servent à éventer, le pied du manche étant appuyé à terre. Beaucoup de petits écrans sont également faits d'une feuille de *borassus* peinte, dont le pétiole forme le manche; on en fait aussi de bambou ou de jonc tressé, qui ont la forme d'une hache, et il

---

[1] *Relation du voyage fait à la Chine sur le vaisseau l'Amphitrite en l'année 1698, par le sieur Gio Ghirardini, peintre italien.*

[2] On remarque des éventails et des écrans japonais dans les planches du *Yo-san-fi-rok* (traduit par Hoffmann) et surtout dans celles du roman japonais, *Les quatre écrans*, édition de Pfizmaier (*Sechs Wandschirme*, etc.).

[3] Voir, pour la forme des éventails en usage au Tonquin, au XVII° siècle, les voyages de Tavernier, t. V.

en avait été envoyé de l'Assam, qui étaient de roseau tressé et bordés d'un tissu de soie brodé de coton [1].

Il y avait, dans le département indien, des écrans garnis d'un anneau ovale servant de poignée. Un certain nombre étaient de feuilles de *tal* ornées de peintures grossières; plusieurs, envoyés de Trichinopoly étaient formés de baguettes de moelle d'*æschynomene aspera* et enjolivés avec des plumes de paon et des lamelles de mica; d'autres étaient faits de vétiver ou *khus-khus* [2], le vétiver était recouvert d'un filet de soie ou de broderie d'or, et l'écran était bordé d'un galon d'or et d'un double volant de mousseline ou de soierie. On fait à Pounah et à Singapour de petits écrans de vétiver qui sont bordés de velours et ornés de curieux dessins; ces dessins sont formés avec des paillettes de cuivre et des élytres mordorés.

Les rajahs de Kota, de Pattiala et de Jodhpore avaient envoyé plusieurs écrans ou *pounkhah* de cérémonie, d'une rare élégance et d'une grande richesse; toutefois, l'exécution en était défectueuse. L'un d'eux, de forme circulaire et fixé à un long manche de bois doré, était de damas de soie lamé d'argent; d'autres pounkhah, à manches d'or ou d'ivoire, étaient faits de racines odoriférantes de khus-khus et enrichis de broderies d'or et de pierreries. Les rajahs d'Ulwar et de Bhurtpore avaient envoyé des chasse-mouches (*chaouries*) qui étaient les uns de queues de yak, les autres de plumes, et dont les manches étaient d'or, d'argent, d'ivoire ou de sandal.

Enfin, on fait des pounkhah grands et petits, à Mourshedabad, en fibres de *phrynium dichotomum* ou de bambou tressées; à Calcutta, en feuilles de borassus, en soierie ou en sandal; dans le Népaul, en ivoire; dans l'Assam, en bambou ou en plumes de paon; à Delhi, avec des verroteries et des perles, etc.

Il était venu, de Kandy (île de Ceylan), de grands pounkhah de feuilles de borassus, bordés de cuir rouge et couverts de

---

[1] Leur forme était celle d'un drapeau.
[2] Racines de l'*andropogon muricatum*.

peintures grossières, ainsi que des chasse-mouches faits avec
les fibres d'un *hibiscus* (le *neandu* des Cingalais).

EUROPE. — FRANCE.

Trois éventaillistes français avaient exposé à Londres :
M. Félix Alexandre, M. Duvelleroy, MM. Ducrot et Petit;
tous les trois habitent Paris. Les deux premiers ont obtenu la
médaille de prix; les derniers ont été mentionnés honorablement.

M. Félix Alexandre est feuilliste et éventailliste; successeur
de Desrochers, il s'est adonné avec succès à l'imitation des
éventails anciens. Les deux charmantes feuilles peintes sur
peau qu'il a exposées (*le Départ pour Cythère* et *la Signature du
contrat*, d'après Watteau) ont donné à la XXIXe classe l'idée
la plus avantageuse du talent de nos feuillistes.

L'habileté et les soins de M. Alexandre ont été appréciés
comme ils méritaient de l'être, par nos collègues étrangers;
les éventails *la Toilette d'une mariée, la Fête de Cérès, l'Enlè-
vement d'Europe,* ont été très-remarqués[1]. M. Alexandre avait
su conserver ce cachet particulier de distinction et d'élégance
que les anciens éventaillistes donnaient à leurs ouvrages, et
il a tiré parti avec bonheur des perfectionnements modernes.
Il a adopté, comme Desrochers, la forme et le nombre de brins
que l'on préférait sous Louis XV, et a réussi à marier, avec
autant de goût qu'on le faisait autrefois, les émaux peints,
les appliques de bijouterie et de burgau à des sculptures et
des découpures qui ne dépareraient pas de beaux modèles
anciens.

M. Duvelleroy avait présenté une collection de tous les genres
d'éventails, depuis les plus communs, qu'il vend à 6 et 7 francs
la grosse, jusqu'aux plus riches, et, parmi ces derniers, nous
citerons celui de nacre sculptée du prix de 1,000 francs, dont
la feuille était signée par Camille Roqueplan. Chaque contrée

---

[1] *Toilette d'une mariée*, nacre sculptée, 1,400 francs; *Fête de Cérès*,
nacre sculptée, 900 francs; *Triomphe de Bacchus*, écaille sculptée, 700 fr.

a, pour les éventails, des modes et des goûts différents, et il faut que le fabricant parisien varie les matières, les formes, les décors et les sujets, suivant les destinations. M. Duvelleroy a sur ce point une grande expérience; il occupe depuis long-temps un rang distingué dans l'industrie de l'éventail, et a contribué à son développement comme à ses progrès. Dans le rapport que nous avons écrit, en 1849, au nom de la commission des beaux-arts du jury central, nous avons attribué à M. Duvelleroy le mérite d'avoir introduit dans la fabrication des procédés déjà connus, il est vrai, mais dont l'application, disions-nous, assurait une économie de matière, de temps et de main-d'œuvre[1]. Il a été démontré que ces applications[2] avaient été faites avant le brevet obtenu par M. Duvelleroy. Il est de notre devoir de rectifier dans ce sens notre précédent rapport; M. Duvelleroy est un éventailliste de beaucoup de goût et d'intelligence, que d'autres titres ont re-commandé à l'estime du jury international.

MM. Ducrot et Petit ont exposé 7 éventails et 3 moules pour diviser et former les plis de l'éventail. Ils ont fait con-naître au jury les noms des fabricants du département de l'Oise qui avaient fait exécuter ces éventails, et ont ajouté que « l'éventailliste de Paris a pour mérite seulement l'initiative, « les conseils et l'avance d'argent. » En supposant que telle soit, dans tous les cas, la seule part que l'éventailliste parisien prenne à la fabrication, nous disons qu'elle est encore fort importante. Nous tenons les fabricants de l'Oise pour des gens fort habiles au point de vue de l'exécution, mais il leur manque des qualités essentielles : la conception et le goût; et leurs ouvriers ne savent pas donner à leurs ouvrages cette élé-gance et ce sentiment inhérents en quelque sorte à la main pa-risienne. Si MM. Ducrot et Petit avaient moins laissé faire leurs fabricants de Sainte-Geneviève, nous ne doutons pas

---

[1] *Rapport du Jury central*, t. III, p. 395.

[2] Les applications du débitage mécanique, de la lithographie, du découpoir, des dessins en relief ou en creux. — Arrêt de la Cour royale de Paris du 24 juillet 1846.

qu'ils n'eussent envoyé à l'Exposition de plus beaux éventails. La XXIX° classe n'a pas admis qu'elle pût borner son examen à telle ou telle partie d'un objet. Qu'importe, par exemple, que, dans les éventails n°ˢ 3 à 6, les difficultés que présente le travail de l'os aient été heureusement surmontées, si le dessin est sans grâce et la feuille médiocre? Qu'importe que l'éventail de nacre n° 7 (prix 320 fr.) offre une découpure d'une merveilleuse finesse, si la sculpture est mauvaise et la peinture plus mauvaise encore? MM. Ducrot et Petit ont une revanche à prendre. Des hommes méritants et laborieux comme eux doivent occuper aux expositions le rang honorable qu'ils ont acquis dans le commerce[1].

Outre les trois fabricants dont nous venons de parler, plusieurs autres avaient exposé divers genres de feuilles d'éventail et d'écran à main. Les éventails de M. GRENET étaient faits de gélatine[2], et ceux de Mme veuve BOUASSE-LEBEL étaient de moelle de toung-sao; les écrans de M. HÉNOC, de M. LHUILLIER et de M. LODDÉ étaient de plumes d'autruche, de paon ou d'oie. M. DOPTER montrait de jolis écrans à main tendus de taffetas ou de satin imprimé en chromo-lithographie. Enfin Mme veuve T. MAYER, qui n'a pas abandonné l'application de la lithochromie à la feuille d'éventail, due à son prédécesseur et perfectionnée par son mari, avait envoyé des feuilles charmantes, imprimées avec beaucoup d'art.

Les éventails et les écrans qui figuraient dans le département chinois étaient exposés par un marchand anglais. Nous n'avons pas à nous occuper de ces objets, qui ne donnent aucune idée de l'état actuel de cette fabrication en Chine. Nos éventaillistes les plus renommés sont les premiers à rendre hommage à la rare habileté des fabricants chinois et japonais. La découpure, la sculpture et la gravure des bois de nacre

---

[1] M. Petit a écrit une petite notice sur la fabrication des éventails, dans laquelle nous avons puisé des renseignements.

[2] Les Japonais font des feuilles d'éventail avec une espèce de colle de poisson transparente; on peint sur ces feuilles des personnages, des oiseaux et des fleurs.

d'ivoire ou d'os, faites avec une délicatesse extrême, sont cependant moins extraordinaires que l'art avec lequel les éventails les moins chers sont montés; ce dernier travail est irréprochable. Qui n'a remarqué aussi la pureté et le brillant du laque, le trait sûr et l'originalité du dessin, la hardiesse du coup de pinceau, l'élégance et le fini des enjolivements. On ne saurait comparer les éventails de 10, 15, 20 centimes que l'on fait à Paris, avec ceux du même prix qui sont d'un usage si général dans le midi de la Chine[1]. Il est juste de dire que le bambou et le laque nous font défaut, que l'ivoire, la nacre et le papier sont à haut prix chez nous[2], et que nos artistes et nos ouvriers gagnent plus du double. A Canton, un bon sculpteur sur ivoire gagne de 80 centimes à 1 fr. 30 cent. par jour, et les peintres sur laque sont payés, selon leur habileté, de 1 fr. 40 cent. à 2 fr. 80 cent. Ces ouvriers couchent dans l'atelier et sont nourris par le fabricant, qui estime la dépense de nourriture à 40 centimes par jour et par tête.

Nous avons décrit ailleurs[3] les genres principaux d'éventails et d'écrans chinois; il ne nous reste plus qu'à engager les fabricants de l'Oise et les éventaillistes de Paris à faire de nouveaux efforts pour égaler les Japonais et les Chinois. Nos feuillistes eux-mêmes ont à apprendre des Chinois; qu'ils jettent les yeux sur les 40 dessins de feuilles d'éventail et d'écran que contient le Ve livre du *Kiaï-tse-youen-hoa-tchouen*[4], publié en 1679 par le docteur Li-yu, et ils verront avec quel art et même quelle science les paysages sont rendus[5].

---

[1] Les écrans de papier les plus ordinaires se vendent 10 francs le mille.

[2] Le droit d'entrée de l'ivoire brut est de 27 f. 50 c. à 154 francs par 100 kilogrammes, et de la nacre sciée, de 22 à 77 francs par 100 kilogrammes.

[3] *Exportations de la Chine*, p. 91-94.

[4] *Tradition de la peinture* imprimée dans le jardin de la graine de sénevé, à Nan-king. 5 cahiers.

[5] M. E. J. Delécluze a rendu compte de ce curieux ouvrage : « Les figures « d'hommes, dit-il, ont des attitudes vraies et expressives; les oiseaux sont « comparativement mieux traités encore, et enfin les végétaux et les mon- « tagnes y sont représentés avec talent et toujours avec une très-grande « vérité. »

ITALIE, ALLEMAGNE, ANGLETERRE.

De l'Italie, rien que des éventails de filigrane d'argent faits à Gênes : travail excellent, dessins de mauvais goût. Un de ces éventails porte une jolie feuille peinte, et cette feuille est de Paris.

En Allemagne, « côbiē q̃ ce soit vn pays ou les gens ne « sont pas si delicats et poulieux qu'ē Frāce et Italie », ainsi que le dit Henri Estienne, on faisait, de son temps, des chasse-mouches de plumes de paon et d'autres de « pelures de bois « fort tenves et toutes regredillonnees, » et l'on a, du xviii° siècle, des éventails qui ne sont pas sans mérite. A Londres, les éventaillistes allemands ont fait défaut. Le comte de Stol-berg-Wernigerode avait produit, entre autres preuves de l'habileté des fondeurs de ses forges d'Ilsenburg (Prusse), un éventail *brisé* en fonte de fer, tout à jour, dont le dessin venait de Paris. Et que dire des éventails de M. Stoll, d'Ulm? Os mal blanchi, sculpture médiocre, prix excessif[1], feuilles achetées à Paris.

La Suisse avait envoyé des éventails de bois blanc découpé; la Belgique, des écrans de fantaisie ornés les uns de dentelle, les autres d'or et de soie; l'Angleterre montrait des panaches d'*ivoire anglais*[2], des écrans très-laids tendus de satin ou de tapisserie, enfin un grand nombre d'écrans de papier mâché, dont plusieurs étaient charmants.

La Turquie n'avait pas d'éventails à l'Exposition : nous n'en avons pas trouvé dans les provinces d'Europe et en Asie-Mineure; nous en avons commandé à Andrinople, et l'on nous a fait des éventails de papier grossièrement imprimé et plissés, qui se déploient en cocarde comme le flabellum de Tournus.

---

[1] Éventails d'os, 25 à 75 francs la douzaine; éventails d'ivoire, 125 à 250 francs la douzaine.

[2] Cela ressemblait à de la corne blanche.

Il nous reste à parler de l'Espagne, le seul pays de l'Europe où il se soit organisé, de nos jours[1], une fabrication d'éventails dans des conditions telles, qu'elle puisse plus tard nous opposer une concurrence sérieuse.

Nous avons examiné avec soin les éventails qui avaient été exposés par D. R. MITJANA, de Malaga, et A. PASCUAL Y ABAB, de Valence. Plusieurs des meilleures feuilles avaient certainement été faites à Paris; beaucoup d'autres étaient des copies de sujets édités à Paris; des montures avaient été façonnées, découpées et sculptées dans l'Oise, vernies et décorées à Paris : cela ne nous a pas surpris. L'importation en Espagne des éventails au-dessous de 12 fr. 50 cent. la pièce est prohibée; celle des autres n'a lieu qu'au droit de 25 à 30 p. o/o de la valeur. Pour éluder ces dispositions restrictives, on expédie séparément les pieds et les feuilles; ils arrivent prêts à être montés, cette opération n'offre aucune difficulté et c'est ainsi que l'on fait tant d'éventails *espagnols*. Mais il ne faut pas se dissimuler qu'il existe à Valence, à Malaga, à Barcelone, à Madrid, de véritables fabriques, et ces manufactures, d'après ce que nous ont assuré nos collègues espagnols, sont importantes, occupent un grand nombre d'ouvriers et augmentent presque chaque année leur production. Dans l'établissement de M. Mitjana, l'éventail est fait de toutes pièces par des femmes et des enfants; dix presses lithographiques travaillent sans relâche, et l'on fabrique 6,000 à 8,000 éventails par jour[2]. Les plus ordinaires qui aient été exposés étaient de sapin repercé et du prix de 70 centimes la pièce. Combien la différence est grande avec les éventails communs, genre d'Italie, que l'on fait au village du Déluge, dans l'Oise. Ceux-ci se vendaient,

[1] Ce sont des Français qui ont établi en Espagne les premières fabriques d'éventails.

[2] *Catalogue of the Spanish productions*, p. 50. — Ramon de la Sagra, *Notes sur les produits espagnols envoyés à l'Exposition de Londres*, p. 57.

dans les années 1818 à 1827, 1 fr. 75 cent. et 2 francs la grosse, et valent aujourd'hui 3 fr. 50 cent. la grosse (30 centimes la douzaine).

On ne faisait en Espagne, vers 1830, que de grossiers éventails de bois blanc et de papier bariolé, et, il y a six ans, on ne comptait encore que deux ou trois éventaillistes. Ceux-ci étaient venus débaucher des ouvriers dans l'Oise et quelques dessinateurs à Paris, et ne se faisaient pas scrupule, pour soutenir leur fabrication, de venir tous les ans faire provision en France de modèles, de dessins nouveaux, et d'acheter les montures d'os et de nacre qu'ils ne pouvaient faire. Aujourd'hui, le nombre des établissements a augmenté, les apprentis espagnols sont devenus des ouvriers, et il y a un progrès bien marqué dans la fabrication purement espagnole. Sans doute, pendant longtemps encore, la France fournira des éventails à l'Espagne, et les manufactures de Valence, de Malaga et autres, ne vivront et ne grandiront qu'en copiant les modèles et les dessins que le génie parisien invente et que la mode parisienne consacre. Mais un jour viendra où cette rivalité se fera sentir, et au moins pour les genres communs destinés à l'Amérique du sud, elle forcera nos éventaillistes à faire encore plus d'efforts et plus de merveilles de bon marché et d'exécution. Leurs succès présents nous répondent qu'ils réussiront à dominer toujours cette concurrence étrangère.

PARAPLUIES ET PARASOLS.

HISTOIRE.

Le parasol était connu dès les temps les plus reculés : il a commencé par être réservé aux souverains et par être adapté aux chars, qui n'étaient pas alors recouverts. On rapporte que l'invention des parasols est due à la femme de Lou-pan, célèbre charpentier de l'antiquité : « Seigneur, dit-elle à son « mari, vous construisez des maisons pour les hommes, mais « il est impossible de les transporter, tandis que l'objet que

« je fabrique pour leur usage peut se porter au delà de
« mille li [1]. » On se servait de parapluies en Chine deux mille
ans avant Jésus-Christ, car on lit dans le *Thong-sou-wen :*
« De la soie étendue pour se garantir de la pluie s'appelle
« *san-kaï* 繖 蓋 ; on reconnaît là l'emploi du *san* pour la
« pluie (*yu-san*) 雨 傘 ; cet usage existait déjà du temps
« des trois antiques dynasties. » Dès le commencement de la
dynastie Tchéou, des parasols et des parapluies étaient en
effet placés sur les chars, et l'on en trouve le dessin, la
construction et les dimensions dans le *Tchéou-li,* qui fut
écrit dans le xie siècle avant Jésus-Christ [2]. Ces parapluies
ressemblaient aux nôtres; la monture était composée de vingt-
huit branches courbées et recouverte d'étoffe de soie. Les parasols étaient de plumes.

D'après le *Thong-ya,* c'est seulement sous les premiers Weï
(220 à 264 de Jésus-Christ) que les cavaliers commencèrent
à se servir de parasols : ces parasols étaient faits de baguettes de bambou et de papier huilé; les personnes allant
à pied n'en firent usage que sous les seconds Weï (386 à
554). Les parasols figurent dans les processions et les fu-
nérailles au viie siècle; ainsi, en 648, lors de l'inauguration
du couvent de la Grande bienfaisance, à Si-ngan-fou, on
comptait dans le cortége trois cents parasols d'étoffes précieuses [3].

Le parasol était, chez les anciens Assyriens, l'un des insignes de la royauté; on voit, sur plusieurs bas-reliefs décou-
verts à Ninive, un serviteur tenant un parasol au-dessus d'un

---

[1] *Khe-tchi-king-youen,* liv. XXXI. — La mesure itinéraire des Chinois est
le *li,* qui est à peu près égal, sous la dynastie actuelle, au dixième de la
lieue marine, soit à 555 mètres et demi.

[2] Le *Tchéou-li,* trad. Biot, kiven XL, fol. 39 à 47, et la planche qui
fait face à la page 488 du tome II. — Mailla, *Histoire générale de la Chine,*
t. I, les deux planches qui font face à la page 336. — *La Chine,* par Pau-
thier, pl. 35, d'après le *Tsi-king-thou.*

[3] *Histoire de la vie de Hiouen-thsang,* trad., p. 313.

roi qui est armé en guerre et debout dans un char[1]. Ces
parasols étaient ornés de bandes circulaires, d'étoiles et de
rosaces peintes; ils étaient bordés de franges et de glands, et
une espèce de fleur de lis en couronnait la pointe; le *pavillon*
était maintenu par un bras de bois et n'avait pas de courbure.
Ceux que l'on remarque sur les bas-reliefs persépolitains présentent une différence notable : le pavillon est monté sur six
fourchettes[2]; c'était aussi un serviteur qui portait le parasol.

Le parasol des anciens Égyptiens était tantôt un grand
éventail de plumes et tantôt une espèce de bouclier léger et
demi-circulaire, qui était recouvert d'une peau[3]; on devait
connaître aussi, en Égypte, la forme actuelle, car on voit,
sur une fresque de Thèbes, une princesse d'Éthiopie qui
voyage dans un char, et qui y est à l'abri du soleil sous un
large parasol formé d'une touffe de plumes[4].

Il ne faut pas croire que le parasol soit resté longtemps réservé aux souverains et aux grands de l'État; le *Khe-tchi-king-
youen* rapporte que, déjà sous les anciennes dynasties, les
lettrés et les magistrats se servaient constamment de parasols
dans leurs chars, mais la forme et la couleur différaient selon
le rang, et ces différences ont plusieurs fois varié. Sous les
Ming (1368 à 1628), les officiers civils et militaires, du premier
au quatrième rang, faisaient usage de parasols à trois étages,
de *lo* noir par-dessus et de soie rouge par-dessous; les parasols des officiers du cinquième rang étaient à deux étages de
lo bleu doublé de soie rouge; enfin, ceux du sixième au
neuvième rang, également à deux étages, étaient de soie bleue
en dehors et de soie rouge en dedans[5].

A Siam, le parasol à sept étages (*savetraxat*) est encore le

---

[1] Botta et E. Flandin, *Monument de Ninive*, t. I, pl. 63 et 71; t. V, p. 119,
125, 140 et 151.

[2] Wilkinson, t. II, p. 209, n° 175; Tavernier, *Voyages*, t. II, planche
en face de la page 399.

[3] Wilkinson, t. II, p. 208, n° 174.

[4] Wilkinson, t. III, p. 179, n° 336.

[5] *Kou-kin-sse we-khao.*

premier insigne de la royauté; il est gravé sur le sceau royal[1].

Le parasol jouait, chez les Grecs, un grand rôle dans les cérémonies sacrées et funèbres, et surtout dans les fêtes de Bacchus. A en juger par les dessins que l'on en trouve sur les vases peints, les parasols n'étaient pas tous construits de la même façon; les branches étaient tantôt droites, tantôt arquées, et, dans ce dernier cas, la courbure était convexe ou concave. Chose curieuse, le manche n'allait pas jusqu'au sommet du pavillon; il s'arrêtait un peu au-dessous du bord de celui-ci, qui était supporté par quatre ou six fourchettes fixées à une forte noix. On voit dans Clener[2] et dans d'Hancarville[3] de curieux exemples de cette disposition. Elle n'était pas la seule en usage, car nous avons remarqué, sur un vase grec du Louvre et dans d'Hancarville (tom. III, pl. 43), deux parasols de forme élégante, dont la monture n'offre pas cette particularité.

A Athènes comme à Rome, les femmes faisaient porter le parasol par leurs suivantes, pour être garanties du soleil; ces ombrelles étaient souvent d'une grande richesse[4]. On en faisait venir de la Chine, ou l'on imitait celles de ce pays[5]. Du temps de Virgile, on se mettait à l'abri de la pluie sous un pan de cuir (*scortea*).

L'usage du parasol et du chasse-mouches comme attributs des dieux et des souverains est très-ancien dans l'Inde, et on le retrouve dans les contrées où le brahmanisme a été introduit; ainsi, ils figurent, à Java, sur des bas-reliefs du temple de Boro-Boudour, qui représentent le Bouddha recevant des offrandes, Siva sur son char, etc.[6]

[1] Mgr Pallegoix, *Description du royaume Thaï*, t. Ier, p. 263.
[2] T. II, pl. 70.
[3] T. I, pl. 45; t. II, pl. 51; t. IV, pl. 69.
[4] Consulter Paciaudi.
[5] Voir une fresque de la maison de Méléagre à Pompéi.
[6] Le temple de Boro-Boudour a été bâti en l'an 1260 de l'ère de Salivana (1338 de J.-C.). Crawfurd a donné le dessin de ces bas-reliefs dans le IIe volume de *History of the Indian Archipelago*, pl. 19, 20 et 21.

Dans l'Inde, déjà au viie siècle, Brâhma et Indra étaient représentés tenant à la main, l'un un chasse-mouches blanc, l'autre un parasol. Hiouen-thsang en fit la remarque dans les royaumes de Kapitha et de Kanyàboudja [1].

Le parasol a été adopté dans les cérémonies de l'Église chrétienne; il a été remplacé par le dais; mais il est resté longtemps un des insignes de la papauté [2], et il était devenu, depuis 1179, un de ceux du dogat de Venise.

Nous n'avons rien trouvé sur l'emploi des parasols et des parapluies dans la vie privée, depuis le iiie ou le ive siècle jusqu'au xvie. Il est certain que le parasol n'était pas encore connu, en France, dans la seconde moitié du xvie siècle, et qu'il nous a été apporté d'Italie. Henri Estienne fait dire à Celtophile (*Dialogves du nouueau langage françois, italianizé,* 1578) : « Et à propos de pauillon, auez-vous iamais veu ce « que portent ou font porter par les champs quelques sei« gneurs en Hespagne ou en Italie, pour se defendre non pas « tât des mousches, q̄ du soleil? Cela est soustenu d'vn baston, « et tellement faict qu'estant ployé et tenant bien peu de place, « quand ce vient qu'on en a besoin, on l'a incontinent ouuert « et estendu en rond, iusques à pouuoir couurir trois ou « quatre personnes. » Et Philausone répond : « Ie n'en ay ia« mais veu : mais i'en ay bien ouy parler. Et si nos dames les « leur voyoient porter, peut-estre qu'elles les voudroyent taxer « de trop grāde delicatesse [3]. » Fabri confirme le fait; il a représenté, dans le supplément de son ouvrage (1593), un noble Italien voyageant à cheval avec un parasol à la main [4]. Les Portugais avaient rapporté l'usage du parasol des Indes et d'Afrique, où ils en avaient contracté l'habitude [5]. Un voya-

---

[1] *Hist. de la vie de Hiouen-thsang,* p. 110 et 243.

[2] Il l'était encore vers 1720 (gravures de Bernard Picart, *Cérémonies et coutumes religieuses,* t. I, planche de la page 58.)

[3] Pages 166 et 167.

[4] *Divers. nationvm ornatvs . Additio.* — Nobilis Italvs ruri ambulans tempore æstatis.

[5] Voir les recueils de gravures sur les Indes des frères de Bry, 1598, 1599, 1601.

geur anglais en Italie, Thomas Coryat (1608), après avoir
parlé des éventails, dit : « Plusieurs portent d'autres belles
« choses d'un bien plus grand prix, car elles coûtent au moins
« un ducat (environ 7 francs), et qu'ils appellent communé-
« ment, en italien, *umbrellaes*..... Cet objet est de cuir, sa
« forme est à peu près celle d'un petit dais..... Il est em-
« ployé spécialement par les cavaliers, qui le tiennent à la
« main en appuyant le bout du manche sur la cuisse... »

Le parasol qui, sans doute, a toujours été usité en Italie,
nous est venu de ce pays; cependant les plus anciens parasols que nous ayons vus figurés ressemblent à ceux de la
Chine bien plus qu'à ceux de l'Italie. Cela peut s'expliquer,
d'ailleurs, par le grand nombre d'objets chinois qui ont été
introduits en France dès le xvi* siècle, et, à ce point de vue,
le fait que cite Evelyn n'est pas sans intérêt[1]. Le parasol était
connu en Angleterre au xvii* siècle; Ben Jonson en fait mention dans une comédie jouée en 1616, et Defoe parle, dans le
Robinson Crusoé, qu'il écrivait vers 1718, des parasols usités
au Brésil.

En France comme en Angleterre, pendant le xvii* siècle,
c'était avec le manteau que les hommes se préservaient de la
pluie; du reste, les parapluies étaient alors si grossiers et si
lourds, qu'on devait être fort gêné et se trouver ridicule de les
tenir à la main. Nous en avons vu un que l'on prétend être
de 1640. Il pèse 1,600 grammes; les baleines ont 80 centimètres de long, le manche est de chêne et le coulant de cuivre
n'a que 2 centimètres; l'étoffe est un gros de Tours chiné. On
tenait ce parapluie par un anneau de cuivre fixé à l'extrémité
des baleines.

Il est singulier que l'usage des parapluies et des parasols
ne remonte qu'à près de deux siècles et demi[2]. Les femmes
s'en servirent les premières. La fabrication en était attribuée

---

[1] *Reports by the Juries,* p. 656.

[2] Il ne fut introduit en France qu'en 1680, selon le *Dictionnaire des
origines,* de Noël; c'est une erreur, un parasol figure au frontispice d'un
recueil de S. Igny, *La noblesse françoise à l'église* (1620).

aux maîtres boursiers, colletiers, pochetiers, caleçonniers,
faiseurs de brayers, gibecieres, mascarines et escarcelles....,
et il n'en est fait aucune mention dans les anciennes ordon-
nances qui furent accordées à cette communauté vers 1260,
en 1342, 1398, 1414, 1514, 1574, 1659 et 1733. Ils sont
cités pour la première fois dans les statuts de 1750; on lit, à la
fin de l'article 16 : « Pourront aussi les maîtres boursiers, faire
« vendre et débiter les parasols, parapluies, tels qu'ils se font
« aujourd'hui de toutes sortes de façons. » On vendait, à Paris,
en 1752, les parasols brisés de 15 à 22 livres la pièce, et les
parasols pour la campagne de 9 à 14 livres[1]. Le parapluie de
1740 se tenait déjà par le manche, qui était terminé par une
crosse; il pesait de 8 à 900 grammes; les baleines avaient
80 centimètres, et le coulant de cuivre avait 18 centimètres
de long.

Par l'édit d'août 1776, les gantiers, les boursiers et les
ceinturiers furent réunis en une seule communauté, et nous
avons trouvé, dans les archives de la Chambre de commerce
de Paris, un projet de statuts[2] pour cette corporation nouvelle, dont l'article 4 du titre 5 est ainsi conçu : « Ils auront
« aussi seuls le droit de fabriquer et faire toutes sortes de para-
« pluies et parasols, en baleine et cuivre, brisés et non brisés;
« les garnir de leurs dessus en étoffes de soye et en toille; faire
« les parapluies de toilles cirées; les parasoleils garnis et enjo-
« livés de toutes sortes de façons; parasols a ressorts en aciers
« ploians dans les cannes et de toutes autres façons; pourront
« a cet effet avoir forges et enclumes, banc a tirer, pinces, te-
« nailles et tous autres outils nécessaires. »

Il y a des détails précis dans la grande Encyclopédie
(planches, t. II, 1763) et dans l'*Encyclopédie méthodique*
(1785). On se servait communément, vers 1780, de para-

---

[1] *Journal du Citoyen*, La Haye, 1754, p. 332.

[2] Ce manuscrit porte pour titre : « Projet des articles des estatuts de la
« communauté des maîtres gantiers boursiers cinturiers culottiers gibe-
« siere parasolliers faiseurs de brayers poudriers parfumeurs de la ville,
« faubourg et banlieu de Paris. .... »

pluies et de parasols. « L'usage de ceux-ci, dit Roland de la
« Platière[1], est tellement établi à Lyon, que non-seulement
« toutes les femmes, mais des hommes mêmes ne traversoient
« pas la rue sans le petit *parasol* rose, blanc ou d'une autre
« couleur, garni d'une blonde, et que sa legereté permet de
« porter sans gêne. »

Il y eut des parties de la Grande-Bretagne où le parapluie
pénétra bien tardivement. Ainsi, ce fut en 1781 ou 1782
qu'un médecin, John Jamieson, rapporta de Paris à Glasgow
le premier parapluie que l'on eût vu dans cette ville, et qui y
fut un sujet d'admiration.

FABRICATION ET COMMERCE EN FRANCE DE 1800 À 1851.

Il a été délivré, de 1808 à 1851, 103 brevets d'invention
et de perfectionnement relatifs aux parapluies et ombrelles;
c'est surtout depuis 1840 que les perfectionnements ont été
le plus nombreux. Cependant plusieurs des inventions dont
on a fait le plus de bruit appartiennent au siècle dernier.

Le parapluie-canne, pour lequel on a pris, depuis 1808, douze
ou quinze brevets, était connu dès 1758. Douze autres brevets
ont également été accordés pour des parapluies dont les dimensions peuvent être réduites de façon à ce qu'ils tiennent
dans la poche; l'invention avait un siècle de date quand on
la breveta pour la première fois. On portait de pareils parasols
vers 1740, et un nommé Reynard annonçait, en 1761, des
parasols « qui se replient sur eux-mêmes triangulairement et
« deviennent de l'épaisseur et du volume d'un chapeau à mettre
« sous le bras. » Ils étaient très-répandus vers 1770 : le manche
était de deux pièces réunies par une vis, et les branches se
repliaient au moyen de *brisures*.

C'est en 1812 que l'on prit le premier brevet pour un parapluie qui s'ouvrait seul, et, jusqu'en 1851, dix autres brevets
furent délivrés pour ce même objet. Ce genre de parapluie
est décrit dans l'*Encyclopédie méthodique* (1785), et même les

---

[1] *Manufactures, arts et métiers*, t. I, p. 83.

parasols à ressorts dont on se servait alors pouvaient se porter
dans la poche, « dans des cannes, dans des chapeaux et
« ailleurs.... On leur donne (aux branches) 20 à 22 pouces
« de large, ou 23 au plus; et le parasol fermé, retroussé,
« rentré, n'en a pas plus de 14.... »

Les perfectionnements qui ont été apportés à la construction des parapluies depuis le commencement de ce siècle,
sans avoir le mérite qu'on leur attribue, ont eu cependant
pour effet de rendre ces ustensiles aussi commodes et aussi
élégants qu'on peut le désirer.

Il y a deux siècles, le parapluie était un meuble de famille
qui coûtait au moins 36 livres, qu'on logeait dans le fourreau
avec des précautions infinies, et qui se transmettait de génération en génération. Il avait une envergure d'environ 80 centimètres et pesait d'un à deux kilogrammes; on le portait à
l'aide d'un gros anneau de cuivre, fixé sur le chapeau de cuivre
qui recouvrait l'extrémité des baleines. Le manche était de
bois de chêne, de charme ou de palissandre; les fourchettes
avaient de 16 à 20 centimètres de long et étaient de cuivre tors
ou aplati; le coulant était de cuivre et très-court, il a commencé par n'avoir que deux centimètres; les branches étaient
de baleine et attachées au manche par une clef et un fil de
fer, car on ne connaissait pas la double noix.

On commença, à la fin du siècle dernier, à mettre une
crosse au bout du manche, à monter les baleines sur une
double noix et à augmenter la portée des fourchettes. On fit,
vers 1804, quelques poignées d'ivoire uni ou sculpté, et quelques parapluies dont le manche, le coulant, les fourchettes,
le bout, etc., étaient d'argent au lieu de cuivre. Le parapluie
ne fut jamais plus lourd que de 1816 à 1820 : manche de
cuivre, coulant de cuivre, bout de cuivre, pointes des branches garnies d'étuis de cuivre; manche et baleines avaient été
rarement aussi longs; aussi tout cela pesait de deux kilogrammes à deux kilogrammes et demi, et cependant cette
pesante machine faisait alors fureur en Amérique.

On couvrait autrefois le parapluie de cuir, de toile cirée,

d'étoffe de soie huilée, de papier verni ; on se servait, au xviie siècle, de gros de Tours ou de gros de Naples, uni ou chiné ; vers 1780, de gros de Naples ou de taffetas rose, jaune, vert-pomme, uni ou chiné, et l'on adopta plus tard les étoffes rouges, vert clair, bleues, avec des bordures de couleur. Vers 1825, on donna la préférence aux soieries de couleur foncée, noir, vert myrte, marron, etc. On fabrique aujourd'hui, spécialement pour cet emploi, des étoffes de grand teint qui unissent la finesse à la souplesse et à la solidité. On fait également, tout exprès pour les ombrelles, de charmantes soieries unies, rayées, chinées ou brochées, que quelquefois on recouvre de dentelles ou que l'on enjolive de broderies. En 1770, au témoignage de l'abbé Jaubert [1], les parasols étaient de cuir, de taffetas, de toile cirée, de paille, de papier.

Chaque partie du parapluie et de l'ombrelle a été l'objet de perfectionnements ingénieux, depuis vingt ans surtout, et l'on est arrivé en même temps, par l'effet d'une meilleure division de travail et d'une fabrication conduite avec plus d'intelligence, à livrer à un prix modique des produits de bonne qualité. On a pour 12 ou 14 francs un parapluie que l'on aurait payé 25 francs en 1834.

Il serait trop long de nous arrêter sur les heureux changements qu'on a apportés successivement aux branches et à leurs tenons, aux coulants et à leurs ressorts, aux fourchettes, aux noix, etc. ; les descriptions des brevets fournissent pour cette étude de nombreux matériaux, nous nous bornerons à deux exemples.

On pratiquait autrefois deux mortaises dans le manche, l'une vers le haut, l'autre vers la poignée, et l'on y plaçait des ressorts de fil de fer ; l'entaille du coulant recevait l'un ou l'autre de ces ressorts, selon que le parapluie devait rester ouvert ou fermé. En 1835, M. Cazal remplaça les mortaises par de petites bagues et monta sur le coulant un ressort armé d'abord d'un seul crochet et plus tard de deux crochets que la

---

[1] *Dictionnaire raisonné universel des arts et métiers.*

bague sert à retenir. Ce mécanisme si commode est employé partout.

On a été plus longtemps pour trouver un moyen facile de maintenir roulée l'étoffe qui couvre le parapluie. En premier lieu, on se contentait d'enfermer le parapluie dans un fourreau que l'on portait avec soi; ce fut un progrès que de serrer l'étoffe avec un long ruban de soie. Puis on fit usage d'un large anneau de cuivre, de fer ou d'ivoire, qui pendait à un cordon; l'anneau fut remplacé par un double lacet qui s'attachait à un bouton; le godet Cazal parut en 1844, et finalement, après quelques tâtonnements, on adopta la petite ganse de caoutchouc et l'agrafe actuelles.

De 2 kilog. 500 gr., le poids du parapluie a été réduit à dix fois moins, à 250 grammes. Mais les parapluies qui offrent toutes garanties de solidité pèsent de 320 à 500 grammes, comme on le voit ci-après :

	PARAPLUIES.		
	MANCHE DE BAMBOU de 86 centimètres; 8 branches de baleine de 63 centimètres; fourchettes de 25 centimètres.	MANCHE DE BAMBOU de 90 centimètres; 8 branches de baleine de 68 centimètres; fourchettes de 27 centimètres.	MANCHE DE FER de 90 centimètres; 8 branches de baleine de 68 centimètres; fourchettes de 27 centimètres.
Poids du manche.........	$0^k,55^{gr}$	$0^k,82^{gr}$	$0^k,98^{gr}$
——— de la plaque de corne..	0 ,01	0 ,03	0 ,01
——— de la double noix.....	0 ,03	0 ,05	0 ,03
——— des deux bagues......	0 ,02	0 ,05	0 ,02
——— du coulant	0 ,10	0 ,17	0 ,10
——— des fourchettes.......	0 ,56	1 ,02	1 ,02
——— des branches........	1 ,35	1 ,58	1 ,58
——— de la couverture de soie.	0 ,57	0 ,72	0 ,72
——— de la poignée........	"	"	0 ,47
	3 ,19	4 ,44	4 ,93

Le tableau suivant présente un aperçu curieux de la construction du parapluie depuis deux cents ans [1] :

[1] Voici, d'après le *Tchéou-li*, les dimensions du parapluie qui était placé sur les chars, en Chine, vers l'an 1100 avant notre ère : longueur de la hampe, 10 pieds (2 mèt. 05 cent.); 28 branches, de 4, 5 ou 6 pieds (de 82, 102 ou 153 centimètres), car il y avait trois grandeurs; courbure des branches, 2 pieds (41 centimètres). — Le pied qui était en usage sous les Tchéou est égal, selon nous, à 205 millimètres.

N°s.	ANNÉES.	MANCHE.		BRA
		Nature.	Longueur.	Nature.	Nombre
			cent.		
1	Vers 1640	Chêne (manche droit)	110	Baleine	10
2	Vers 1740	Chêne (crosse)	95	Idem	10
3	1784	Chêne (manche droit)	96	Idem	10
4	1800	Cuivre argenté creux (poignée)	95	Idem	10
5	1804	Cuivre creux (crosse)	97	Idem	10
6 [1]	Vers 1814	Fer (longue poignée)	96	Acier	9 ou 10
7	1816	Fer ou cuivre (poignée de corne)	98	Baleine	9
8	1820	Cuivre (crosse)	98	Idem	9
9	Idem	Bambou	"	Idem	8 à 10
10	1830	Cuivre (crosse)	96	Idem	9
11	1839	Palmier ou laurier (pomme)	96	Idem	8
12	1844	Fer creux (poignée de corne)	89	Idem	8
13 [2]	1848	Fer creux (poignée)	"	Acier	"
14	1849	Fer creux (poignée de laurier)	89	Baleine	8
15	Idem	Fer creux (poignée de corne)	89	Acier	8
16 [3]	Idem	Bambou	90	Idem	8
17 [4]	1851	Laurier	86	Baleine	8
18 [5]	Idem	Bambou	102	Idem	9
19	Idem	Idem	96	Idem	8
20	Idem	Idem	89	Idem	8
21	Idem	Laurier	89	Acier	8
22 [6]	Idem	Fer creux	#	Acier creux	"
23 [7]	1854	Fer creux (poignée de corne, godet)	89	Acier	8
24 [8]	Idem	Fer creux (poignée de corne)	90	Baleine	8
25	Idem	Bambou	90	Idem	8
26	Idem	Fer creux (poignée de laurier)	91	Acier	8
27	Idem	Bambou	93	Idem	8
28	Idem	Idem	89	Idem	8

ES.

...ongueur.	FOURCHETTES.		POIDS.	PRIX.	OBSERVATIONS.
	Nature.	Longueur.			
cent.		cent.	gr.	fr.	
80	Cuivre tors......	20	1,030	45 à 50	
80	Cuivre..........	28	800	30 à 40	
79	*Idem*...........	17	1,200	"	
80	Cuivre argenté...	30	750	25 à 30	
73	Cuivre..........	31	850	"	
74	Fer tors.........	30	865	60	[1] Parapluie s'ouvrant seul et se pliant.
77	Cuivre.	33	2,040	"	
76	*Idem*...........	"	1,130	"	
60 à 80	Cuivre verni.....	"	650 à 700	20 à 25	
73	Cuivre ou fer.....	34	820	30	
74	Acier..........	31	565	16 à 22	
63	*Idem*...........	25	400	14	
70	*Idem*...........	"	380	"	[2] Parapluie de M. Farge.
63	*Idem*...........	25	400	14	
64	*Idem*...........	25	385	14	[3] Parapluie exposé par M. Farge.
70	*Idem*...........	"	250	"	
63	*Idem*...........	25	504	18	[4] Parapluie-tube de voyage de M. Cazal.
79	*Idem*...........	32	650	25	[5] Les n°ˢ 18, 19, 20 et 21 ont été exposés à Londres par M. Cazal.
73	*Idem*...........	31	520	20	
63	*Idem*...........	25	350	14	[6] Parapluie le plus léger, fait avec une monture d'acier creux de Holland.
63	*Idem*...........	25	332	15	
66	*Idem*...........	"	255	"	[7] Parapluie s'ouvrant seul, de M. Cazal.
63	*Idem*...........	29	520	17	
68	*Idem*...........	27	493	18	[8] Les n°ˢ 24 et suivants sont de la fabrique de M. Cazal.
68	*Idem*...........	27	444	18	
68	*Idem*...........	28	315	18	
68	*Idem*...........	28	302	18	
66	*Idem*.	28	250	16	

8.

On comptait à Paris, vers 1827, 115 marchands et fabricants de parapluie, dont le commerce était évalué à 4,620,000 francs[1]. En 1834, le baron Ch. Dupin portait à 200,000 le nombre des parapluies qui se faisaient annuellement à Paris, et leur valeur totale à 3,000,000 [2].

En 1847, cette branche d'industrie était exercée par 502 fabricants qui employaient 1,931 ouvriers, et le chiffre total des affaires, de 10,264,689 en 1847, fut réduit à 4,508,605 francs en 1848[3].

ANNÉE 1847.	FABRICANTS de PARAPLUIES et d'ombrelles.	FABRICANTS de BALEINES [1].	FABRICANTS de MANCHES, poignées, bouts, de bois, corne, os, ivoire [2].	TOTAL.
Importance des affaires..	7,408,429[f]	1,863,950[f]	992,310[f]	10,264,689[f]
Nombre des fabricants ..	377	29	96	502
Nombre des ouvriers.....	1,421	142	368	1,931
Hommes..........	601	96	312	1,009
Femmes..........	742	42	12	796
Garçons..........	45	4	44	93
Filles..........	33	"	,	33

[1] Ces industriels fendent et façonnent aussi la baleine pour les fabricants de cannes, cravaches, corsets, mesures, etc.

[2] Les chiffres du tableau consacré dans la *Statistique de l'industrie à Paris*, p. 845, à la fabrication de tabletterie pour parapluies et ombrelles, diffèrent de ceux que nous donnons ici. Ces différences proviennent de ce que 22 tourneurs ou sculpteurs de corne, os, ivoire pour manches ou poignées ont été portés sur le tableau de la tabletterie, p. 841; nous avons rectifié cette erreur d'après les bulletins individuels de l'enquête.

[1] *Rapport du jury départemental de la Seine*, t. II, 1832, p. 179.
[2] *Rapport du jury central*, t. III, 1836, p. 481.
[3] *Statistique de l'Industrie à Paris*.

La moyenne du salaire journalier des ouvriers était, en
1847 :

	HOMMES.	FEMMES.
Pour les ouvriers des fabriques de parapluies....	3ᶠ 27ᶜ, de 2ᶠ à 6ᶠ	1ᶠ 67ᶜ, de 1ᶠ à 3ᶠ
———————————— de baleines.....	3 06 , de 1 à 5	1 47 , de 1 à 2
———————————— de tabletterie....	3 66 , de 2 à 6	1 45 , de 1 à 2

Nous avons dit plus haut que l'industrie des parapluies et
des ombrelles était exercée, en 1847, dans la seule ville de
Paris, par 502 fabricants et 1,931 ouvriers. Cette même industrie occupait :

Dans toute la Belgique, au 15 octobre 1846, 139 fabricants et 118 ouvriers[1];

Dans toute la Prusse, au 31 décembre 1846, 77 fabricants
et 500 ouvriers[2];

Dans toute la Saxe, au 3 décembre 1846, 45 fabricants et
91 ouvriers[3].

L'exportation n'est, d'après les états officiels, que d'environ
2,000,000, valeurs déclarées, et certainement elle est au
moins de trois millions. Celle des parapluies de soie a toujours été la plus importante : elle était de 748,500 francs en
1827 et avait atteint déjà en 1838 le chiffre de 1,549,400 fr.,
qui n'a été dépassé qu'en 1847 et que depuis 1851 ; on a
exporté en 1852 pour 1,808,200 francs. On vendait à l'étranger, en 1837, 1838 et 1839, pour 400,000 francs environ de
montures ; la demande a été notablement réduite, elle n'a
été dans ces derniers temps que de 200,000 francs par an.
Cependant, en 1853, l'exportation s'est élevée à 290,000 francs.

---

[1] *Statistique de la Belgique. Industrie. Recensement général,* p. 504-507.

[2] *Documents sur le commerce extérieur.* Association allemande ; faits commerciaux, n° 11, p. 59.

[3] *Idem,* p. 68.

En résumé, voici quelle est la moyenne annuelle des exportations pendant deux périodes décennales et les sept dernières années.

PÉRIODES.	PARAPLUIES ET OMBRELLES		MONTURES DE PARAPLUIES et d'ombrelles.
	DE SOIE.	DE TOILE CIRÉE et autres.	
De 1827 à 1836.........	908,910ᶠ	30,842ᶠ	178,967ᶠ
De 1837 à 1846.........	1,354,314	24,162	228,885
De 1847 à 1853.........	1,468,005	10,953	208,643

EXPOSANTS FRANÇAIS ET ANGLAIS; APERÇU DE LA FABRICATION À LONDRES.

Ce n'est pas seulement à Paris que l'industrie des parapluies et des ombrelles a pris un développement considérable; il y a eu, dans plusieurs de nos départements et en Angleterre, des efforts, des progrès, des accroissements de fabrication qu'il convient de signaler. Paris et Londres sont les deux foyers principaux de cette industrie, et celle-ci se présente dans ces deux grandes cités avec des différences telles, que chacune doit certainement conserver longtemps la supériorité qu'elle a acquise.

A Paris, on s'adonne spécialement à la confection des parapluies et des parasols de mode, et presque tous ceux qui sont destinés à l'exportation ont, quel que soit leur prix, un cachet de nouveauté et de distinction. « Le dessin plein de « goût et la sculpture délicate des poignées d'ivoire, le choix « habile des couleurs des soieries et leur excellente qualité « donnent, dit le rapporteur de la XXIXᵉ classe, un avantage « marqué aux fabriques françaises; de plus, leurs montures « étaient, jusqu'à ces derniers jours, beaucoup plus légères et

« plus jolies que celles d'Angleterre. C'est à cette légèreté et à
« cette élégance que les parapluies et les ombrelles de France
« doivent la réputation dont ils jouissent en Amérique et en
« Italie... » M. Warren de la Ruë aurait pu ajouter que les perfectionnements de détail qui donnent une cambrure gracieuse
et une force de résistance inconnues il y a vingt ans, et qui
rendent la manœuvre facile et l'usage commode, sont dus à
des fabricants de Paris; sur 103 brevets, 60 ont été délivrés
à des Parisiens, et 18 à des Lyonnais.

M. Cazal et M. Charageat pouvaient mieux que personne
représenter, à l'Exposition de Londres, la fabrique de Paris. Le
premier est depuis longtemps renommé pour le fini et l'élégance de ses produits, il a simplifié avec bonheur quelques
parties de la monture, et la médaille de bronze a été trois fois
déjà à nos Expositions nationales la récompense de son zèle.
M. Charageat n'est pas moins habile, et la fabrication lui doit
aussi quelques progrès. Il est cependant regrettable que nos
grands fabricants de parapluies et de parasols pour l'exportation aient fait défaut; ils pouvaient exposer des articles
charmants et à bon marché, et il eût été curieux de mesurer
la distance qui les sépare des Anglais. Quels progrès et quels
débouchés ils acquerraient encore si les matières premières
(joncs, bambous, rotins, fer, baleine, ivoire, etc.) étaient
exemptes de droits[1]!

Écoutons le rapporteur anglais : « L'Angleterre est sans
« rivale dans la production des genres les plus ordinaires, et
« cette supériorité doit être attribuée à une division de travail
« judicieuse et à l'importation *sans droit* des bambous et des
« joncs pour les manches et les branches, des baleines pour
« les branches, de la corne et de l'ivoire pour les poignées; la
« fabrication abondante et à bas prix des guingamps et des
« soieries unies nous donne également un grand avantage sur
« les autres nations. » Cela explique que l'on vende à Londres

---

[1] Depuis que cela est écrit, un décret du 19 août 1854 a modifié les
droits d'entrée pour les bambous, joncs et rotins.

des parasols de guingamp à 1 franc pour femmes, à 40 centimes pour petites filles; que l'on exporte des parasols de soie de 1 fr. 10 cent., et des parapluies de coton du prix de 75 centimes[1]. MM. John Morland et fils, qui livrent au commerce 350 douzaines de parapluies par semaine, avaient exposé de *bons* parapluies de soie à 4 fr. 40 cent. la pièce.

On assigne à ce bon marché prodigieux diverses causes : le bas prix de la façon, par suite de l'adresse et des habitudes laborieuses des ouvriers, le bas prix du guingamp qui coûte à peine 33 centimes le mètre, l'emploi de rotin fendu et teint pour les branches. M. Meyers à lui seul ne vend pas moins de 12,000 bottes[2] de baguettes de rotin par semaine pour cet usage; la douzaine de bottes vaut 1 franc, de sorte que la matière d'une monture de parapluie revient à 8 centimes 1/2.

Cette branche d'industrie est exercée à Londres en chambre et souvent en famille, et nous savons trop bien, par ce que nous avons sous les yeux à Paris, l'économie, l'activité et les soins que l'on obtient de la sorte dans le travail, pour être surpris de la réussite de nos voisins. A Londres, l'ouvrier en chambre dépense de 75 à 150 francs pour son outillage et se fait aider par deux jeunes gens auxquels il donne

---

[1] On ne fait guère, à Paris, de parapluies au-dessous de 21 francs la douzaine. Voici un compte de revient de 1849 qui se rapporte à ces parapluies :

Manche de bois................	1ᶠ 5o°	par douzaine.
Branches de jonc...............	1 80	—
Fourchettes....................	1 20	—
Lustrine de coton..............	11 0o	—
Noix, coulant, garniture.	1 00	—
Bouts.......................	0 40	—
Fourreau.	0 5o	—
Fermoir de caoutchouc..........	0 20	—
Façons......................	1 6o	—
Frais généraux et bénéfice........	1 80	—
Total.............	21 00	

[2] Il y a 8 baguettes de rotin par botte.

5 francs par semaine. La façon de la douzaine de montures lui est payée de 60 à 95 centimes pour les parasols, de 95 centimes à 1 fr. 25 cent. pour les parapluies. Le travail se compose de 43 opérations : le manche a passé 18 fois dans la main de l'ouvrier, et chaque branche 23 fois; mais telle est la dextérité de ces gens, qu'avec un taux de façon si modique, ils gagnent d'assez bonnes journées. Ainsi l'on paye 1 fr. 25 cent. par douzaine la façon des montures de parapluie les plus communes ; un ouvrier peut faire, avec l'aide de 4 jeunes garçons, 4 grosses par semaine, et, si l'on déduit 20 francs pour les salaires des apprentis et 10 francs pour les fournitures, il reste 30 francs par semaine.

La couverture des parapluies est faite également en chambre par des femmes et de jeunes filles, au prix de 1 fr. 25 cent. par douzaine pour les plus communs, et de 5 francs pour les plus beaux. Les montures d'acier sortent presque toutes des ateliers de Birmingham; elles coûtent de 70 cent. à 1 franc pièce.

Parmi les perfectionnements dont les fabricants anglais ont présenté des spécimens à l'Exposition, le seul digne d'être signalé est celui qui est dû à M. Henry HOLLAND, de Birmingham : il consiste dans la fabrication de tubes d'acier rectangulaires, très-flexibles et en même temps très-résistants, pour former les branches[1]. L'idée de faire des branches creuses est due à un français, et elle n'est pas nouvelle. Nous avons sous les yeux une monture de parapluie de poche, qui date de 1846 ; les branches, divisées en trois parties, sont d'acier creux et ont la forme d'une gouttière, qui est même à peu près rectangulaire dans la partie voisine du sommet[2]. Revenons aux montures de M. Holland. Ont-elles la résistance de celles d'acier plein? L'usage nous l'apprendra. Sont-elles les plus

---

[1] La fabrication de ces branches se compose de treize opérations distinctes.

[2] Nous avons trouvé le brevet original dans lequel il est fait mention de cette idée; il a été délivré, le 11 juin 1846, à un mécanicien de Lyon, Pierre Duchamp fils, pour un « système de parapluie brisé se mettant dans « la poche cinq fois dans une minute. » Il y est dit : « . . . Toutes les parties

légères que l'on ait jamais faites? Non ; car un fabricant de Paris, M. Farge, a exposé en 1849 des parapluies de 69 centimètres de rayon, qui ne pesaient tout garnis que 250 gr. (le parapluie Holland n'a que 66 centimètres et pèse 258 gr.[1]).

Nous aurions trop à dire si nous voulions nous arrêter sur la fabrication des parasols du Japon, de la Chine et de l'Inde, dont il y avait dans le Palais de Cristal des spécimens si curieux. Quelques lignes suffiront pour faire connaître leur construction [2] : les parasols et les parapluies chinois sont couverts de papier peint et verni ; le manche, les branches et les fourchettes sont de bambou, et voici les dimensions, poids et prix de ceux que nous avons rapportés nous-même de Chine.

LIEU D'ORIGINE.	COUVERTURE de papier.	LONGUEUR du manche de bambou.	BRANCHES de bambou.		LONGUEUR des fourchettes de bambou.	POIDS.	PRIX.
			Nombre.	Longueur			
Province de Hou-kouang.	Peint en vert foncé et verni.	0ᵐ,97	50	0ᵐ,56	0ᵐ,20	750ᵍʳ	1ᶠ25
Canton.........	—— en vert myrte.	1 ,18	47	0 ,53	0 ,18	690	1 00
É-moui.	—— en vert foncé..	0 ,98	44	0 ,53	0 ,19	930	0 80
Canton........	—— en vert foncé..	0 ,85	36	0 ,40	0 ,14	400	0 50
Japon.........	De coul. bleue, avec gravures.	0 ,88	40	0 ,47	0 ,20	340	1 40

« formant les baleines sont en acier fondu roulé en *forme de tube* et passé à « la filière... » Et plus loin : « Toutes les pièces qui constituent le parapluie « sont *creuses,* afin qu'il soit d'une grande légèreté..... et pourtant très- « solide... » Pour préserver de l'oxydation l'intérieur des branches, il fallait pouvoir le vernir avec soin, et c'est dans ce but que Duchamp remplaça les tubes par des gouttières (Certificat d'addition du 27 juillet 1847).

[1] La douzaine de montures Holland, branches, fourchettes, coulants, noix, etc., se vendait, en 1851, en 58 centimètres, 35 fr. 60 cent. ; en 62 centimètres, 39 fr. 40 cent. ; en 66 centimètres, 43 francs ; en 70 centimètres, 46 fr. 90 cent.

[2] Rondot, *Commerce d'exportation de la Chine,* p. 117.

Le papier qui recouvre les parapluies chinois est très-fort;
il résiste aussi bien à la violence du vent qu'à l'action de la
pluie et du soleil. M. Stanislas Julien, auquel l'agriculture et
l'industrie doivent la connaissance de procédés chinois d'un
grand intérêt, a trouvé dans le *Weï-tsi-yu-pien*, livre XII, le
mode de fabrication de ce curieux papier. M. Julien nous a
traduit ce passage avec sa rapidité habituelle; nous le donnons
ci-après :

« On prend six liang [1] d'huile de *t'ong* (*sterculia tomentosa*),
« deux liang d'huile de chanvre, deux fén de fleur de farine,
« sept graines décortiquées de *pa-teou* (*croton tiglion*); on broie
« le tout et on le réduit en bouillie. On prend ensuite de la
« farine de *teou* (*dolichos*), on la jette dans l'huile, et l'on fait
« cuire le tout, d'abord sur un feu doux, puis sur un feu très-
« ardent, jusqu'à ce que l'on ait obtenu une sorte de colle onc-
« tueuse (littéralement, de la graisse). Cela fait, on en passe
« une couche sur le papier. Quand il est bien pénétré de cet
« enduit, on le fait sécher à l'ombre, et on le met en réserve
« pour s'en servir au besoin. »

CANNES.

L'abstention des monteurs de cannes français a été fâcheuse,
car la monture des cannes de fantaisie est une branche d'industrie dans laquelle on excelle à Paris. Les droits élevés que
l'on doit acquitter pour les joncs et les bambous rendent un
commerce considérable de cannes ordinaires impossible en
France; c'est à Hambourg et à Londres que ce commerce s'est
porté. Un seul industriel de Hambourg, M. MEYER jeune, oc-

---

[1] Le *liang* est un seizième de *kin*, le *fén* est un dixième de liang. Il est
difficile de déterminer exactement le poids du liang de la dynastie actuelle.
Il serait de 37^{gr},83, d'après le cube d'or qui fut établi comme étalon dans la
5ᵉ année Choun-tchi (1648); il est fixé par les traités de commerce à
37^{gr},796; Blancard le porte à 38^{gr}.24; Olof Toreen, à 37^{gr},72; J.-R. Mor-
rison, à 37^{gr},57; J. Thomson, à 37^{gr},55; le P. Lecomte, à 37^{gr},27; Kupp-
fer, à 37^{gr},22; le P. Laureati, à 37^{gr},20; Osbeck, à 36^{gr},97; etc.

cupe deux à trois cents ouvriers, et le principal fabricant de Londres, M. Bartnet Meyers, prépare et vend chaque année 2,500,000 rotins, principalement pour branches de parapluie et de parasol, et plus de 500,000 cannes.

On ne s'occupe guère à Paris que de cannes de fantaisie, les travaux et les affaires qui en résultent ne sont pas sans importance. Dans les mêmes ateliers, l'on prépare et l'on monte les cannes, et l'on fait les fouets et les cravaches; l'ensemble de cette fabrication représentait, en 1847, un mouvement d'affaires de 3,507,208 francs; 165 entrepreneurs et 968 ouvriers concouraient à cette production.

La préparation des cannes n'est pas une industrie aussi simple qu'on se l'imagine; elle se compose d'opérations nombreuses et qui varient selon la nature végétale ou animale des matériaux. Cinq ou six cents espèces ou variétés de bois, joncs ou roseaux, sont employées dans cette industrie; mais une trentaine seulement sont d'un usage habituel. La moindre canne a passé au moins vingt fois dans la main de l'ouvrier : il a fallu conserver le bois en magasin pendant un certain temps, quelquefois détacher l'écorce, dresser, tailler, polir, teindre, dans certains cas enjoliver de dessins imprimés, vernir, garnir d'un bout, d'un cordon, d'une bague, d'une poignée. Les cannes faites de baleine, d'écaille, de corne de bélier, de corne ou de peau de rhinocéros, d'ivoire, etc., n'offrent pas moins de difficultés, et l'on sait que la baleine et la corne de bélier ne sont façonnées en cannes qu'à l'aide de procédés assez curieux.

En Angleterre et en Allemagne, la canne est terminée communément par une pomme, une crosse ou un bec de corbin d'ivoire, d'os ou de corne. En France, la monture est l'objet principal de cette branche d'industrie; nos premiers fabricants n'ont pas moins d'un millier de modèles d'une diversité singulière, et ils en produisent de nouveaux chaque année. Ces poignées sont de cornaline, d'agate, d'aventurine, de corail, d'écaille, d'ivoire, de bronze doré, d'argent oxydé, etc.; elles sont sculptées, gravées ou ciselées, enrichies d'émaux, d'or

ou de perles; on en fait qui sont recouvertes d'une tresse de
fils d'or ou d'argent. Il n'y a guère de canne élégante qui ne
sorte d'un atelier parisien, et l'on envoie de Hambourg à
Paris les cannes dressées et vernies, pour qu'elles y reçoivent
des montures de fantaisie.

Vingt-cinq fabricants de cannes étrangers avaient exposé;
plusieurs d'entre eux méritent d'être cités, notamment
M. H. C. MEYER jeune, de Hambourg, et M. B. MEYERS, de
Londres. MM. SCHULZ, d'Essen, et TAUTZ, de Vienne, avaient
envoyé des collections de cannes bien préparées, et en général d'un prix modique.

PIPES ET TABATIÈRES.

USAGE DU TABAC.

L'usage du tabac dans l'ancien monde ne date que de la dé-
couverte de l'Amérique; on a trouvé dans des ruines gauloises
des espèces de pipes de terre rouge, ce qui fait supposer que
l'on a fumé autrefois quelques plantes âcres ou aromatiques.

On a prétendu que le tabac et la coutume de le fumer
existaient dans l'Inde, en Chine et dans d'autres pays de l'O-
rient longtemps avant le xvᵉ siècle [1]. M. Wilson affirma dans
l'Inde à Victor Jacquemont qu'il n'en est fait mention dans
aucun ouvrage hindoustani écrit avant l'arrivée des Européens [2]; et, pour ce qui se rapporte à la Chine et au Japon, voici
une preuve non moins formelle; on lit dans l'*Encyclopédie japonaise,* livre CV, folio 20 : « La plante du tabac a été intro-
« duite au Japon, dans la 2ᵉ année de la période Ten-seï
« (1574), par des barbares du Midi qui l'apportèrent en tri-
« but, en même temps que le poivre appelé *fan-tsiao*.....
« L'usage du tabac a commencé à la même époque en Chine
« et au Japon. Primitivement, la plante est venue de pays si-
« tués au delà des mers..... Dans les temps anciens, on

---

[1] *An hist. and descr. account of China,* t. III, p. 383.
[2] *Voyage dans l'Inde. Journal,* t. I, p. 193.

« n'avait pas cette plante[1]. » Le tabac s'appelle en chinois *siang sse-ts'ao*, la plante à laquelle on pense toujours; *yin-ts'iéou*, le vin de la fumée (c'est-à-dire la fumée qui enivre); *tan-po-kou, tan-pa-kou* et *to-po-kou*.

Il n'y a pas de doute que c'est des indigènes de l'Amérique équinoxiale que les peuples de l'ancien monde ont appris à fumer le tabac, et le nom qu'ils lui ont donné est emprunté de la langue des Caraïbes haïtiens qui appelaient *tabaco* le tuyau par lequel ils aspiraient la fumée[2].

Le tabac fut rapidement introduit dans la péninsule hispanique; les Espagnols et les Portugais le portèrent dans leurs possessions d'Afrique, d'Asie et d'Océanie[3]. On ne l'a connu en France que sous Charles IX en 1560, en Angleterre que sous la reine Élisabeth, et en Turquie que sous Mahomet III en 1009 de l'hégire (1600-1601). Jacques Ier en Angleterre et Amurat IV en Turquie proscrivirent en vain l'usage du tabac; le gouvernement chinois s'y opposa également avec énergie, et, par un décret rendu dans la 11° année de la période Tsong-ching (1688), quiconque vendait du *yin-ts'ieou* était puni de mort. Ce fut sans effet, comme plus tard pour l'opium, et il en a été de même au Japon, où, dans les périodes Gen-wa (1615 à 1623) et Kouan-yeï (1624 à 1640), on interdit la culture du tabac sans pouvoir réussir à la supprimer. « L'usage du tabac, dit l'auteur japonais, a fini par « devenir plus général que celui du thé et du vin, et, sur cent « personnes, on en compte à peine trois qui ne fument point. »

Malgré les interdictions et les contestations, le tabac a été répandu, en moins d'un siècle et demi, dans tout le monde, et l'usage en est devenu bientôt universel dans l'Inde, en Chine, dans les pays mahométans et chez les peuplades sauvages des archipels océaniens.

---

[1] Traduction de M. Stanislas Julien.

[2] De Humboldt, *Relat. hist.*, t. III, p. 339. — La plante avait, au Brésil, dans la Floride et dans les Antilles, le nom de *pétun*.

[3] L'usage du tabac a été introduit à Java en 1601, selon les Annales javanaises (Crawfurd, vol. I, p. 104).

La production du tabac est aujourd'hui énorme, elle doit être au moins d'un milliard de kilogrammes, savoir :

120 millions de kil. pour l'Europe ;

160 ————————— l'Amérique ;

720 ————————— l'Asie, l'Afrique et l'Océanie.

C'est un article éminemment imposable, aussi les États européens en tirent de gros revenus, 350 millions de francs environ.

Nous n'avons pas à parler des autres substances que l'on fume, opium, sauges, etc.

PIPES.

Les pipes se divisent en deux grandes catégories, selon que la fumée du tabac traverse ou non une nappe d'eau avant d'arriver aux lèvres du fumeur. On se sert de pipes à eau dans tout l'Orient : on les appelle *houka* dans l'Inde, *chouï-yin* en Chine, *narguiléh* en Turquie, *kalioun* en Perse ; la forme et la disposition diffèrent beaucoup selon les pays. Le calumet, la pipe primitive, celle qui transmet directement la fumée du fourneau à la bouche, est d'un usage presque universel, et on l'emploie en Chine, dans l'Inde, en Turquie, en Égypte, beaucoup plus fréquemment que l'autre [1].

Les formes et les dimensions des pipes sont aussi différentes que les matériaux dont on les fait. Les fourneaux des pipes du Japon ont 10 millimètres de profondeur et 12 de diamètre, ceux des pipes de Turquie et d'Allemagne ont souvent 5 à 6 centimètres de profondeur et 5 centimètres de diamètre. Au Japon, la pipe est un roseau léger de 20 centimètres de long, dont le bout est d'ivoire ou d'argent et le fourneau de cuivre blanc. En Turquie, le tuyau (*chibouk*) est une tige de cerisier ou de jasmin de 1 mètre à 1^m60 de long; le bout (*imaméh*) est d'ambre jaune, et la noix (*louléh*) est faite d'argiles de Nish et de Roustchouk. En Allemagne,

---

[1] Le houka n'est pas d'un usage exclusif dans l'Inde, comme le dit Jacquemont. Il y avait à l'Exposition des pipes de bambou droites.

le tuyau est ordinairement en forme d'S, et le fourneau d'é-
cume de mer ou de porcelaine est fermé d'un couvercle de
maillechort. En France, la pipe la plus répandue est faite
d'argile.

Le houka et le narguiléh ont une origine commune, le
kalioun se rapproche du chouï-yin. Les premiers se posent à
terre, et la fumée passe par un long tuyau flexible formé
de deux spirales de fil de fer ou de cuivre, entre lesquelles est
placée une mince écorce de bouleau recouverte de cuir ou
de soie. Les seconds se tiennent à la main; le tuyau du kalioun est droit et de bois, celui du chouï-yin est recourbé et de
cuivre blanc.

PIPES DE TERRE.

La consommation de ces pipes est énorme, on en jugera
par ce fait que deux manufactures de Saint-Omer livrent annuellement au commerce plus de trois cent mille grosses
(environ 50 millions de pipes). On fabrique ces pipes de terre
cuite en France, à Saint-Omer (Pas-de-Calais), à Givet (Ar-
dennes), à Forges (Seine-Inférieure) et dans la Moselle; en
Angleterre, à Broseley (Shropshire) et Wareham (Dorset);
dans le duché de Nassau, à Höhr; dans plusieurs provinces
de la Belgique [1]; en Hollande, à Gouda, où l'on emploie des
argiles d'Andenne et de Huy près de Namur, que l'on mé-
lange avec des argiles de Vallendar près de Coblentz.

Le XXV° jury a examiné les pipes de terre au point de vue
de la céramique, notre classe avait à apprécier les formes et
la qualité. Deux fabricants de Saint-Omer représentaient à
peu près seuls cette industrie par des collections fort com-
plètes; M. Louis Fiolet et MM. C. Duméril, Leurs fils et Cie
n'ont obtenu que la mention honorable, et c'est dans cette
seule circonstance qu'en ce qui touche des exposants français,
nous n'ayons pas partagé l'avis de nos collègues. Ils méritaient

[1] La fabrication des pipes de terre occupait en Belgique, en 1846,
266 hommes, 79 femmes, 66 jeunes garçons et 29 jeunes filles.

certainement la médaille de prix, ces fabricants dont les produits sont estimés partout et égalent ceux de Gouda si longtemps sans rivaux. La qualité de leurs pipes est excellente, et la façon ne laisse rien à désirer (*exceedingly well manufactured*, dit le rapporteur anglais); le prix est d'une modicité extrême, on vend des milliers de grosses à 1 fr. 20 cent. la grosse, 10 centimes la douzaine. Et quelle diversité de travaux dans ces manufactures : extraction et broiement des terres, fours pour la cuisson, ateliers de modeleurs et de mouleurs, d'émailleurs, de polisseurs, de ciseleurs, etc., forges et scieries. Quelle diversité de produits : des pipes ou des têtes de pipe, mates ou émaillées, unies ou façonnées, de quatorze à quinze cents modèles différents, des statuettes, des poteries, des creusets, des tuyaux de drainage, des pannes, des carreaux, des briques réfractaires, etc. M. Fiolet occupe 850 ouvriers, MM. Duméril, Leurs et Cⁱᵉ, en emploient 450.

M. Warren De La Rue a consigné fidèlement dans son rapport le motif qui a décidé le jury à refuser la médaille aux chefs de ces grandes entreprises. « Les formes ne justifiaient pas la « haute réputation que la France a acquise pour l'élégance du « dessin. » Nous sommes les premiers à regretter que cette consommation immense de pipes de terre ne puisse servir, même dans de modestes limites, à épurer le goût et élever les idées des masses; il est évident que des bustes de grands hommes ou de belles statues vaudraient mieux que les têtes des héros de nos révolutions et de grossières caricatures. Mais le fabricant est forcé de tenir compte des habitudes des consommateurs, et il ne faut pas se dissimuler que la plupart des paysans et des ouvriers préféreront des figures de circonstance ou de laids modèles aux plus charmants sujets qu'inspirerait l'art grec, arabe ou égyptien. On ne doit pas oublier que le bon marché de ces pipes et la nécessité de renouveler fréquemment les modèles obligent à la plus stricte économie dans les frais de composition et d'exécution. Ces observations faites, nous finirons en disant que les fabricants de Saint-Omer avaient exposé des têtes de pipe d'un bon dessin et habilement modelées.

Les autres pipes de terre n'offraient rien de digne de remarque. Celles que l'on fait à Höhr (Nassau) sont assez grossières et se vendent à très-bas prix, à peine 1 franc la grosse (8 centimes 1/4 la douzaine); on les cuit à la houille. Les pipes de Gouda sont cuites dans des fours circulaires que l'on chauffe avec de la tourbe; elles sont d'une belle fabrication, mais coûtent de 4 à 6 francs la grosse. On fait très-peu de pipes de terre en Angleterre; celles qui se consomment dans la Grande-Bretagne et ses colonies sont tirées des manufactures de Saint-Omer.

PIPES À TUYAUX DE BOIS.

Nous n'avons à signaler qu'une grande diversité de formes, de dimensions et de matériaux; la fabrication n'a d'intérêt que par son importance.

Dans l'Orient, la façon du tuyau est fort simple : le bois est foré et ne reçoit le plus souvent aucun enjolivement; les tuyaux de cerisier, de jasmin, de bambou, de roseau, sont dans ce cas. En Égypte et en Turquie, on recouvre quelquefois le chibouk de jasmin, de fils d'or, d'argent ou de soie, et, de même qu'en Chine, on incruste de nacre ou d'ivoire des tuyaux d'ébène poli[1]. En Prusse, le tube est droit ou recourbé, il est fréquemment sculpté, tourné, garni de bagues de maillechort, de nacre ou d'ivoire.

Le bout, bec ou bouquin de la pipe est d'ambre jaune, de verre, de bois, d'ivoire, de nacre, d'os, de corne, d'écume de mer, etc. Les bouquins d'ambre sont très-recherchés en Turquie. Il y avait à l'Exposition, dans le département turc, quatre beaux imaméh enrichis de brillants : deux coûtaient 60,500 piastres (13,000 fr.), et les deux autres 40,700 piastres (9,000 fr.); il n'est guère possible d'avoir un beau bouquin à moins de 2,000 piastres (environ 450 fr.). Le prix se règle plus sur la couleur et la pureté de l'ambre que sur la

[1] Voir, sur les pipes de Chine, le *Commerce d'exportation de la Chine,* p. 39.

grosseur de l'imaméh. Ce n'est pas un mince mérite que de savoir choisir un morceau d'ambre, de le tailler, le tourner, l'évider, le polir pour en former un bouquin de prix.

Les fourneaux, noix ou têtes de pipe, sont faits, en Turquie et en Égypte, d'une argile rouge ou blanche très-fine; en Autriche et dans le Zollverein, d'écume de mer, de porcelaine ou de terre cuite; en Chine et au Japon, de cuivre blanc. Les noix de pipe turques (*louléh*) sont d'une forme élégante; elles sont souvent dorées et ornées de dessins moulés ou gravés, la fleur de lis figure fréquemment dans ces ornements. Les louléh sont à bon marché; nous en avons acheté à Andrinople, à Top-Hana et à Brousse, d'unis, à 3 paras (1 centime et 1/2), et de dorés, à 1 piastre (20 centimes) pièce. Les fourneaux d'écume de mer sont, à Vienne, l'objet d'une petite industrie qui est exercée avec intelligence. L'écume de mer est préparée, taillée et polie avec beaucoup de soin : les artistes autrichiens excellent à sculpter cette substance qui n'offre de difficulté que par sa friabilité; ces sculptures sont, en général, l'œuvre de ciseaux hardis et délicats, et cependant les prix sont peu élevés; il est rare qu'ils dépassent 100 francs. L'Autriche avait exposé de l'ébénisterie sculptée d'un grand luxe, mais nous n'avons trouvé de bon dessin, de vérité, de fini, que dans les fabriques un peu obscures de pipes d'écume de mer et de j uets.

A Paris, huit petits entrepreneurs d'industrie garnissent les fourneaux et les tuyaux de pipe, de métal ou d'ivoire, etc., et font tourner la corne ou l'ivoire pour faire des tuyaux; cela a peu d'importance. La production de ces huit ateliers n'est que de 70,000 fr. (en 1847), et 30 ouvriers y concourent.

Les peuplades de la côte occidentale d'Afrique et des rives du Niger font usage de pipes grossières dont des spécimens avaient été exposés. Les tuyaux sont de bois; les fourneaux de bois ou de terre cuite ont des formes ou des dessins étranges.

PIPES À EAU.

La forme du houkah et du narguiléh est élégante par elle-

9.

même, et les Hindous comme les Turcs ont ajouté à cette élégance. Le vase qui contient l'eau est tantôt de cuivre émaillé, d'argent niellé, guilloché ou ciselé, d'acier damasquiné, tantôt de poterie émaillée, peinte ou dorée d'Amroha, de Kholah ou de Mirzapore. Ces vases ont, en général, un galbe gracieux ; beaucoup ont la forme d'une cloche, d'autres ont celle d'une urne, d'un clepsydre, d'une buire ou d'une fiole; c'est bien souvent un flacon de verre de Bohême ou de Venise, de cristal de Baccarat, et quelquefois un œuf d'autruche maintenu par un trépied d'argent. Un tuyau de bois, de cuivre ou d'argent, droit et mince, plonge jusqu'au fond du vase, et s'élève à une hauteur d'un demi-mètre portant le fourneau d'argile dorée qui reçoit le tabac. Un second tube conduit la fumée aux lèvres du fumeur, ce tube (le *marpitch* des Turcs) est une spirale gracieuse et flexible couverte de soie ou de maroquin, qui a jusqu'à 8 ou 9 mètres de long et est terminée par un bout de bois, d'ivoire ou d'ambre.

Le kalioun est plus simple et non moins curieux; le vase est presque toujours formé d'une noix de coco, soit polie et garnie de cuivre estampé, soit recouverte de plaques minces d'argent repoussé et ornées d'émaux peints. La hampe creuse qui porte le fourneau et le tuyau qui reçoit le bouquin sont droits, à peu près de longueur égale et souvent de bois façonné au tour. On les fait également de cuivre ou d'argent, ainsi que le vase.

Le kalioun est, comme le houkah et le narguiléh, souvent enjolivé de chaînettes de cuivre ou d'argent, de cordons et de glands de soie et de fil d'or, de garnitures d'argent émaillé; il est quelquefois aussi enrichi de coraux, de turquoises, de grenats et d'autres pierres précieuses.

L'exécution de ces ouvrages est loin d'être parfaite, mais il y a dans les formes et les ornements de la grâce, du goût et de l'art. L'art hindou et persan offre à nos fabricants de ravissants modèles.

TABATIÈRES.

L'usage du tabac à priser date de la fin du xvie siècle; les tabatières ont tant changé de forme et ont été faites de tant de matériaux différents pendant ces deux siècles et demi, qu'il serait fort difficile de tracer l'histoire de leur fabrication. Il y a de nos jours encore presque autant de variétés de tabatières que de pipes.

En France, quelle diversité infinie, depuis les tabatières d'or, d'argent niellé ou ciselé, d'ivoire ou d'écaille, jusqu'à celles de bois de sapin des Vosges, de carton de la Moselle et de fer blanc de l'Orne[1].

En Écosse, que de charmants et curieux modèles : le *snee-shin horn*, la corne de bélier à laquelle une petite cuiller et une patte de lièvre sont attachées par des chaînettes; le *ram's head mull*, la tête de bélier armée de longues cornes en spirale, qui porte au front une grosse topaze du Cairngorn[2], et dont la monture d'argent ou de vermeil est enrichie d'améthystes d'Écosse; la tabatière de Laurencekirk avec ses charnières de bois si parfaites. En Allemagne, la tabatière de papier mâché se présente sous vingt aspects différents, soit unie, marbrée, rayée, estampée, imitant l'écaille, soit avec de fines incrustations de nacre et de maillechort, des guillochis d'or ou d'argent, des dessins écossais, des peintures de Brunswick.

Le tabac à priser a été introduit en Chine, vers le milieu du xviie siècle, par les missionnaires qui résidaient à la cour; on se sert encore dans ce pays de fioles, dont le bouchon est muni d'une petite spatule d'ivoire, d'os ou de bois; de pareils petits flacons étaient en usage en Europe au xviie siècle. Les flacons à tabac chinois sont de cristal de roche, de jade[3], de lapis-

---

[1] Un petit fabricant de l'Aigle, Bohin, avait exposé, en 1849, des tabatières de fer-blanc verni, garnies de carton, du prix de 6 fr. 75 cent. la grosse (4 cent. 2/3 la pièce).

[2] Le massif granitique du Cairngorn est près de la source de la Dee, au S. O. du comté d'Aberdeen.

[3] On voit quelquefois, dans les mains de hauts dignitaires, de ces flacons

lazuli, de verre de couleur, de porcelaine, de bois, etc. On fait des tabatières dans l'Inde avec des calebasses, des noix de coco, des fruits de bilva, des cornes de buffle, et, dans la terre de Van-Diémen, avec du bois de fer[1], du pin des Hurons[2], du bois de musc[3], des dents de cachalot, etc.

L'emploi des flacons à tabac en France remonte, dit-on, à la fin du XVIe siècle[4], les râpes leur ont succédé, et sont restées en usage jusque dans la première moitié du XVIIIe siècle. Elles étaient exécutées principalement en bois, en ivoire, en cuivre repoussé ou émaillé, et quelquefois en bronze; elles étaient enjolivées d'armoiries, de figures et de devises. La France, même dans la petite branche d'industrie qui nous occupe, n'a rien à envier aux autres pays. On fabrique avec beaucoup d'adresse et à très-bas prix dans les départements de la Moselle, du Jura et des Vosges, tous les genres de tabatières communes en bois, en étain ou en papier mâché; les tabatières de luxe se font à Paris.

TABATIÈRES DE PARIS.

Les tabatières dites de *Paris* sont de bois exotiques, d'ivoire, de corne ou d'écaille. Vers 1825, cette fabrication était exercée dans une douzaine d'ateliers; six à quinze ouvriers étaient occupés dans chaque atelier, tous les bons ouvriers de Saint-Claude tenaient à honneur d'y avoir été admis. La révolution de juillet porta à cette petite industrie un coup funeste dont elle ne s'est pas relevée : vers 1838, on comp-

---

en jade sculpté et gravé avec une délicatesse telle, que l'on serait tenté d'ajouter foi à la recette merveilleuse que donne le *Weï-tsi-yu-pien* (liv. XI, fol. 2). Il est possible, au dire de l'auteur chinois, d'attaquer avec le ciseau le jade que l'on a fait bouillir, pendant deux ou quatre heures, dans une liqueur composée d'une tasse de suc d'oignon, d'une tasse de suc d'ail et d'une once de *ti-yu* (pimprenelle rouge).

[1] *Olea apetala.*

[2] *Microcharys tetragona.*

[3] *Eurebia argophyllum.*

[4] On a découvert deux anciens flacons à tabac, en 1797, à la Tour de Londres, sous un escalier (*Archæologia*, vol. XIII, appendix).

tait encore à Paris six ou huit ateliers, mais avec un petit
nombre d'ouvriers; le travail en chambre avait pris quelque
développement, et c'était au détriment de la qualité et du
fini. Il ne reste plus aujourd'hui que vingt ou vingt-cinq ouvriers, dix sont employés chez un fabricant, les autres sont
seuls en chambre, ou répartis par deux ou trois dans de petits ateliers. A côté de cette fabrication si restreinte, il en a
toujours existé une autre qui n'est pas sans importance,
mais qui se confond dans bien des cas avec l'industrie de la
tabletterie[1]. Nous avons fait, à ce point de vue particulier, un
nouveau dépouillement des bulletins de l'enquête de 1848-5o,
et en voici les résultats. On comptait, en 1847, à Paris, 19 petits entrepreneurs faisant exclusivement des tabatières; 7 les
faisaient d'écaille, 5 de carton verni, 3 de bois, 2 de buis,
1 de zinc, 1 d'écaille, de corne ou de bois rares. La production de ces ateliers était de 143,000 francs, et elle était due à
63 ouvriers (43 hommes, 15 femmes et 5 jeunes garçons).
En cette même année, 26 autres entrepreneurs faisaient en
ivoire, os, nacre, et surtout en écaille, des tabatières, des
porte-monnaie, porte-cartes de visite, carnets de bal, face à
main; ils occupaient 15o ouvriers (124 hommes, 7 femmes,
19 jeunes garçons), et le chiffre de leurs affaires montait à
525,800 francs.

Nous ne savons pas combien on fabrique de tabatières dans
le Jura, l'Ain et la Moselle; il est certain que la production
en a quintuplé dans l'espace de moins de quinze ans[2].

---

[1] Nous lisons dans une lettre adressée par la Chambre de commerce de
Paris au ministre de l'intérieur, le 28 mars 1807 : «Les productions de la
«tabletterie se subdivisent à l'infini; les tabatières de carton, d'écaille,
«d'ivoire, de buis, de bois des îles, les garnitures de toilette, de table de
«jeu, les jouets d'enfant, les cannes, les peignes et mille autres petits ar-
«ticles, sont du ressort de la tabletterie. Plus de six mille individus sont
«occupés, dans Paris, à ce genre de travail.»

[2] «On évalue à 9,700 douzaines les tabatières de toute espèce (faites à
«Saint-Claude et dans les environs), exportées, soit en Suisse, soit en Alle-
«magne, en Italie, en Espagne, ou même sur l'autre continent.» Pyot,
Statistique du Jura, p. 482.

M. Mercier et M. Colletta-Lefebvre ont exposé des tabatières de Paris ; ils travaillent tous les deux avec une rare perfection, et leurs ouvrages sont remarquables par le choix des matériaux, l'habileté et le soin avec lesquels ceux-ci sont mis en œuvre et montés. Ces tabatières sont faites avec tant d'art et de goût que leurs prix, un peu élevés, sont bien justifiés. Nous citerons les suivantes :

M. Mercier :

Écaille plaquée sur bois......................	55ᶠ
Bois de palmier debout plaqué................	40
Corne de rhinocéros plaquée sur bois..........	40
Ivoire creusé.............................	35
Bois d'olivier, filets d'écaille..................	22
Bois de rose uni...........................	10

M. Colletta :

Écaille incrustée d'or.......................	500ᶠ
Bois d'Amboine rouge.......................	60
Bois de palmier doublé d'écaille, filets d'or.......	60
Corne de buffle noire, filets d'or..............	40
Bois d'érable..............................	20

TABATIÈRES D'ÉCOSSE.

La perfection des charnières des tabatières de MM. Mercier et de M. Colletta nous amène à parler des tabatières écossaises à charnières de bois, dites *Laurencekirk*. Elles furent inventées à la fin du siècle dernier par James Sandy, ce pauvre infirme d'Alythe, en Écosse, qui perfectionna le filage du lin, imagina des outils pour le tour et des instruments de musique nouveaux, et construisit d'excellents télescopes. Stiven, du village de Laurencekirk, et Crawford, de Cumnock, entreprirent les premiers, vers 1798, cette fabrication qui fut portée bientôt dans d'autres parties de l'Écosse, et qui est exercée à Cumnock et à Mauchline, dans l'Ayrshire, par plus de deux cents ouvriers. On fait aussi quelques tabatières de ce genre à Katrine et à Auchinleck.

Le coffre de la tabatière et la moitié de la charnière sont
taillés à la mécanique dans un même morceau de bois, le
couvercle et l'autre moitié de la charnière sont d'un autre
morceau. Le bois de sycomore est employé communément,
et l'on estime que d'un tronc brut, qui coûte un peu plus de
30 francs, l'on tire des tabatières pour une valeur totale de
75,000 francs[1]. La charnière est l'objet d'un soin particulier,
et la fermeture de la boîte est hermétique; l'intérieur est re-
vêtu d'une forte feuille d'étain; l'extérieur est poli et reçoit
plusieurs couches de couleur, mais on le polit avec du papier
de verre après chaque couche. La décoration se fait à la main
ou à la mécanique : à la main, lorsqu'il s'agit de sujets variés;
par des moyens mécaniques, pour les dessins de tartans des
clans d'Écosse. On trace les lignes de couleurs différentes à
l'aide d'une petite machine, soit sur la boîte elle-même, soit
sur du papier que l'on colle ensuite. Nos fabricants, surtout
ceux de tissus, devraient avoir la collection des tartans des
clans[2], ils y trouveraient de charmantes combinaisons de lignes et de couleurs. On a cherché à reproduire par un guillochis l'effet de ces belles tabatières d'argent niellé que les
Russes excellent à faire, mais l'imitation n'est pas fidèle. Le
procédé est fort simple : la boîte, revêtue d'une feuille épaisse
d'étain, puis d'une ou plusieurs couches de peinture, est
placée sous la machine à guillocher; la pointe met à nu l'étain,
dont on conserve le brillant sous du vernis copal, on polit
après chaque vernissure.

Plusieurs exposants avaient présenté des tabatières à charnières de bois. Nous signalerons en première ligne MM. W. et
A. SMITH, de Mauchline, qui emploient 80 ouvriers. Les
hommes gagnent de 20 à 30 francs par semaine, et les femmes de 8 fr. 75 cent. à 11 fr. 25 cent.; un ouvrier peintre

---

[1] Chamber's, *Gazetteer of Scotland*, p. 175.

[2] Les Gaulois portaient des étoffes rayées ou à petits carreaux; la fabrication de ces tissus et ces dessins sont restés, presque sans modification,
dit-on, chez les Highlanders d'Écosse.

capable de copier avec goût un tableau à l'huile, peut gagner
de 35 à 40 francs par semaine.

Les tabatières à carreaux écossais de Mauchline valent de
50 à 60 francs la douzaine. MM. Stiven et fils avaient joint à
leurs Laurencekirk des tabatières faites du bois de chênes
historiques [1].

TABATIÈRES DE PAPIER MÂCHÉ.

Il était venu de Prusse, de Bavière, du Wurtemberg, du
grand-duché de Hesse, d'Autriche, des tabatières de papier
mâché de tous les genres et de tous les prix. Cette fabrication
d'ouvrages de papier mâché est portée, à Birmingham, pour les
petits meubles et les plateaux, à Ensheim, à Reichenau et à
Stuttgard, pour les tabatières, à un degré d'avancement qui
mérite une attention particulière. Le bon marché des produits
allemands en ce genre est surprenant; les tabatières de Bohême coûtent 20 centimes la pièce avec peintures, et 30 centimes avec carreaux écossais.

En 1775, un meunier du duché de Nassau introduisit à
Sarralbe, dans la Moselle, la fabrication de ces tabatières [2],
et l'on établit la première grande manufacture, en 1809, à
Sarreguemines. Cette petite industrie s'est répandue dans le
département, et notamment dans les communes de Sarreguemines, Bliesbrucken, Gros-Bliederstroff, Neufgrange, Sarralbe, Velfordeng, Hornbach, Bliesgueswiller et Blieshovei-
gen. Combien il est regrettable qu'aucun de nos produits n'ait
figuré à l'Exposition : nous aurions montré que le bon marché tant vanté des tabatières d'Ensheim et de Reichenau est

---

[1] Du chêne de Shakespeare, du chêne des anciennes piles du pont de
Londres, qui datent de 1176, du *Victory* (le vaisseau que montait Nel-
son), etc.

[2] Il y a une autre version : on dit que ce meunier est l'inventeur de la
tabatière de carton, et qu'il tint d'abord secrets les procédés qu'il employait.
D'après Peuchet et Chanlaire, *Moselle*, p. 17, les tabatières de carton formaient (vers 1810), à Sarreguemines et dans les environs, « une branche
« de commerce de plus de 500,000 francs. »

encore dépassé, et que nos paysans lorrains ont su égaler leurs maîtres. Les charnières de cuivre ou de carton sont ajustées avec précision ; la nacre et le maillechort, incrustés avec délicatesse, forment des arabesques élégantes et légères ; la vernissure est sans défaut [1].

Nous ne saurions passer sous silence les tabatières de papier mâché de Moscou ; en 1842, cinq ateliers, qui possédaient 12 machines et employaient 80 ouvriers, en produisaient pour 75,000 francs par an. Le fabricant le plus habile, Loukoutine, avait envoyé des spécimens en nombre suffisant pour qu'il fût possible de bien apprécier ces ouvrages. La façon est assez bonne ; la décoration manque d'originalité, elle est dans le style allemand ; la peinture conserve un peu de ce faire byzantin que l'on retrouve intact dans les tableaux de religion faits à Souzdâl, et destinés aux autels domestiques [2]. M. Tégoborski dit qu'une école de peinture spéciale est attachée à la fabrique de Loukoutine, et, selon le même auteur, le prix de ces tabatières est très-modéré [3]. Nous ne sommes pas de cet avis ; ces tabatières sont fort chères, la plus commune vaut 3 fr. 50 cent.

JOUETS.

La fabrication des jouets est fort importante en tous pays, et il est difficile d'imaginer combien elle demande d'efforts

[1] Voici les prix de tabatières de Sarreguemines, en 1849 :

Noires et unies, de 45 centimes à 1 fr. 25 cent. la douzaine ; noires avec un sujet peint ou des carreaux écossais, de 70 centimes à 8 francs la douzaine ; noires avec des incrustations de nacre et de maillechort, de 6 fr. 50 cent. à 60 francs la douzaine. Pour faire mieux juger de la modicité du prix, nous dirons qu'une tabatière noire, avec filets de maillechort, de 90 millimètres de long, 48 de large et 23 de haut, se vend 10 centimes.

[2] Ces tableaux peints sur bois, avec nimbes et fonds d'or ou d'argent, sont d'un bon marché étonnant ; nous en avons acheté, en 1853, à Odessa, au prix de 1 fr. 20 cent. et 2 francs ; les panneaux ont 25 centimètres de haut sur 30 de large.

[3] *Forces productives de la Russie*, t. III, p. 170.

et de soins, d'économie et d'activité, d'idées et de progrès. L'étude des jouets fournit de curieux aperçus sur l'industrie, les coutumes et les modes d'un pays; les jouets sont, en effet, la reproduction des êtres et des choses au milieu desquels nous vivons, et ils préparent gaiement l'enfant aux travaux et aux devoirs de l'avenir. Les poupées habillées, les ménages et les petits établis d'artisans, les moulins et les bergeries, les tambours et les trompettes, les fusils et les arcs, les navires et les chevaux de bois, tous ces objets et mille autres instruisent autant qu'ils amusent.

Les grandes fabriques de jouets n'avaient rien envoyé qui pût permettre de juger cette industrie si intéressante. Il n'était venu que deux fabricants de Paris, Paris qui renferme 400 ateliers grands ou petits, dans lesquels 2,800 personnes produisent pour 6 millions de jouets; un seul exposant représentait cette fabrication curieuse de poupées qui donne lieu à un mouvement d'affaires d'un million et demi. Rien du Jura, de l'Isère, du Haut-Rhin et du reste de la France; rien non plus d'Interlachen et des villages de l'Oberland bernois; rien de Birmingham, que l'on a appelé le *toy-shop* du globe, et du Japon, ce pays mystérieux d'où nous arrivent les plus charmantes poupées. Pour le Zollverein, vingt exposants ne pouvaient suffire pour donner l'idée de la diversité infinie de ces ouvrages. On les fait partout, dans la Forêt-Noire, à Nuremberg, à Manheim, à Cobourg, à Sonnenberg, à Rodach, à Neustadt, etc.; on comptait, en 1846, dans le petit royaume de Saxe seulement, 697 fabriques de jouets de bois; et il est sorti, dans l'année 1851, de l'Association allemande 3,200,000 kilogrammes de jouets, c'est près de six fois plus que la France n'exportait alors[1]. L'Autriche avait négligé de faire appel à ces humbles et habiles découpeurs et tourneurs de bois de la Bohème et du Tyrol, qui font tant de jouets d'un dessin si naïf et d'un bon marché étonnant. Dans la seule vallée de

---

[1] L'exportation de France a été de 489,964 kilogrammes en 1851, et de 875,086 kilogrammes en 1853.

Groeden, en Tyrol, 2,500 ouvriers s'adonnent à ce travail.

Les sauvages de l'Amérique et les indigènes de l'Assam amusent leurs enfants avec de grossiers joujoux de caoutchouc, qui représentent des caïmans, des éléphants, des chevaux, des oiseaux, etc.[1]. Cela a donné l'idée à un grand industriel des États-Unis d'appliquer le caoutchouc vulcanisé, qu'il avait inventé, à la fabrication de poupées et de jouets, et M. C. Goodyear, de New-Haven (Connecticut), en a présenté de nombreux spécimens[2]. Ces jouets ne sont pas fragiles, peuvent être peints et recevoir un certain fini, mais leur prix élevé et leur odeur sulfureuse en restreindront beaucoup la consommation[3].

MARIONNETTES ET POUPÉES.

L'histoire des jouets se lie à l'histoire de la statuaire, du théâtre et des modes. La poupée est l'origine et le type de la marionnette, et, dans l'enfance de l'art, la marionnette hiératique fut le premier produit de la statuaire mobile[4]. Il y avait à l'Exposition des marionnettes, ou, pour être plus exact, des figures d'*ombres chinoises;* ces figures mobiles, si curieusement découpées et peintes, venaient du Bengale, et représentaient, dit-on, des dieux birmans. Elles étaient à peu près pareilles de forme, de style et de mécanisme, à celles de Java, dont Raffles a donné le dessin dans *The History of Java* (vol. I, p. 336); elles avaient 60 centimètres de haut; elles étaient de peau découpée, peinte et dorée, comme le sont les anciens *wáyang* javanais[5] et les non moins bizarres *fantoccini* du petit

---

[1] Rapport du docteur Lankester; *Reports,* p. 591.

[2] *Idem,* p. 595.

[3] Les bustes de poupée coûtent 15 francs la douzaine, pour la première grandeur, et 22 fr. 50 cent. pour la seconde.

[4] M. Ch. Magnin, de l'Institut, a écrit un livre plein d'érudition et d'esprit sur les marionnettes (*Histoire des marionnettes en Europe, depuis l'antiquité jusqu'à nos jours,* 1852).

[5] Les *wáyang,* ou figures mobiles des ombres scéniques, étaient connues, à Java et à Bali, longtemps avant l'introduction du mahométisme dans ces

théâtre populaire des Turcs, dont l'extravagant Karagueuz est le personnage le plus connu.

Notre regret a été vif de ne voir dans le Palais de cristal que deux collections de poupées : l'une de Paris, l'autre de Londres. Tous les peuples anciens ont amusé leurs enfants avec des poupées, et, chose singulière, avec des poupées mobiles; grâce à la coutume païenne, que les premiers chrétiens ont conservée, de laisser aux enfants leurs joujoux dans la tombe, nous connaissons ces figurines de bois, d'os, d'ivoire, de terre cuite, ou simplement de linges, dont les articulations sont flexibles. On en a découvert dans les sépultures en Égypte [1], dans la Cyrénaïque, en Grèce, en Crimée [2], en Sicile, en Italie, au Pérou [3]. Nous retrouvons au moyen âge les poupées en tous pays, en France, en Angleterre, en Allemagne, en Espagne, etc.; des comptes royaux du xv° et du xvi° siècle nous montrent la recherche que l'on faisait dès lors des poupées de Paris.

Ce sont ces poupées qui répandent nos modes par tout le monde, et Savary en faisait déjà la remarque vers 1700 [4]. On sait avec quel goût et quel art les ouvrières de Paris composent l'habillement d'une poupée, mais ce qui est moins connu, c'est le bon marché prodigieux de ces poupées dont la parure est si fraîche, si élégante, et dont le trousseau est confectionné avec tant de soin. On vend 4 francs une poupée de 24 centi-

iles. Les scènes des *wáyang púrwa* ont souvent pour héros les dieux et les demi-dieux de la mythologie javanaise ou hindoue, et les sujets les plus modernes appartiennent au règne de Parikésit. Il y a des *wáyang* au cabinet de La Haye (n° 514).

[1] Wilkinson, t. II, p. 426 et 427.

[2] Nous avons trouvé nous-même, dans des *tumulus* de Panticapée, cette colonie milésienne qui devint la capitale des rois du Bosphore, des poupées de terre cuite, dont les jointures sont mobiles. M. Achic a publié le dessin d'un de ces pantins (Боспорское Царство, t. III, pl. 84).

[3] Il y a au Louvre des poupées de laine d'alpaca, trouvées à Truxillo; les traits du visage sont brodés en relief.

[4] « . . . . . Ces belles poupées qu'on envoie, toutes coëffées et richement « habillées, dans les cours étrangeres, pour y porter les modes françoises « des habits. . . » *Dictionnaire universel de commerce,* 1723, t. I, p. 348.

mètres de haut, avec un trousseau de seize pièces (chemises
et jupons, corset, trois robes, bas, souliers, chapeau, sac,
gants, etc.), et une layette de dix pièces [1]. De jolies poupées
de 32 centimètres, habillées, valent de 60 centimes à 1 fr.
50 c., et l'on va juger par un compte de revient de l'économie
qu'il faut apporter dans cette fabrication.

Buste de papier mâché que l'on tire d'Allemagne.	$0^f\,07^c\,\frac{5}{10}$
Corps de carton.........................	$0\;\;02\,\frac{1}{10}$
Bras de peau et mains de peau piquées.......	$0\;\;04\,\frac{2}{10}$
Jambes de peau bourrées de sciure de bois.....	$0\;\;06\,\frac{2}{10}$
Cheveux, coiffure de cheveux, fleurs ou rubans.	$0\;\;06\,\frac{2}{10}$
Robe, étoffe............................	$0\;\;14\,\frac{5}{10}$
Robe, coupe et façon.....................	$0\;\;10\,\frac{4}{10}$
Bas et souliers..........................	$0\;\;04\,\frac{2}{10}$
Chapeau ou bonnet monté.................	$0\;\;04\,\frac{2}{10}$
Monture et habillage de la poupée..........	$0\;\;02\,\frac{1}{10}$
Frais généraux et bénéfice.................	$0\;\;15$
Prix de vente de la poupée...	$0\;\;76\,\frac{6}{10}$

On fabrique encore à plus bas prix : on vend à 1 fr. 50 c.
la douzaine (12 centimes 1/2 la pièce) des poupées de 35 centimètres, dont la toilette se compose de cinq pièces ; et à 8 fr.
la grosse (6 centimes 1/2 la pièce) des poupées de même
grandeur, dont les bras sont de papier, les mains de bois, et
qui portent une jupe de papier, une robe de mousseline et
un chapeau de carton de couleur [2].

Aucun pays ne peut rien opposer à ce qui se fait à Paris

---

[1] M. Jumeau, qui est notre premier fabricant de poupées, avait exposé
des poupées habillées, depuis 1 fr. 25 cent. jusqu'à 250 francs la pièce ;
des troussettes et layettes, depuis 1 franc jusqu'à 250 francs la boîte. La boîte
de 1 franc contenait une poupée de 19 centimètres et un trousseau de neuf
pièces.

[2] Voir notre rapport sur les jouets exposés à Paris en 1849. (*Rapport
du Jury central*, t. III, p. 775 à 787.)

en ce genre et à ce que M. Jumeau avait exposé. Les poupées
les plus communes que nous ayons remarquées dans le département allemand avaient été envoyées par Lowenthal
et Cie, de Hambourg; celles de la plus petite taille valaient
2 fr. 20 c. la douzaine. Les poupées de Mme Montanari, de
Londres, sont très-bien faites, mais chères et habillées avec
peu de goût; voici les prix :

	Nues.	Habillées.
Poupées de cire de 30 centim., la pièce.	8^f 10^c	13^f 00^c
—————— de 40............	10 60	18 75
—————— de 53............	15 60	26 25

C'est en examinant les trousseaux et les diverses parties de
la parure des poupées que l'on apprécie le mieux le degré de
perfection auquel cette industrie a été portée à Paris. Il n'y a
pas une seule pièce de leur habillement qui ne soit un modèle exact pour la forme et la façon, aussi les poupées servent-
elles ordinairement dans les pays étrangers pour confection-
ner les modes nouvelles.

Les poupées ont leurs fournisseurs attitrés : il y a des cou-
turières, des modistes, des lingères, des cordonniers, des fleuristes, des perruquiers qui ne travaillent que pour elles.

Les cordonniers pour poupées font, les uns, les souliers et
les bottines de soie, les autres, les chaussures de peau. Les
chaussures de soie se vendent depuis 33 centimes la douzaine de paires jusqu'à 3 francs la douzaine; celles de peau
cousue coûtent de 6 francs à 30 francs la douzaine : c'est
30 p. 0/0 moins cher qu'en Allemagne. La différence de
prix est plus grande encore pour les bas de coton : on les
vend à Paris à peine 4 fr. 50 cent. la grosse de paires de qualité ordinaire (3 centimes la paire), et les bas fins, à semelle
et à jour, ne valent guère que 3 francs la douzaine. Quant
aux perruques de poupées, on les paye depuis 2 fr. 25 cent.
la douzaine (pour les n°s 1 et 2) jusqu'à 15 francs la douzaine (pour les n°s 11 et 12). Les coiffures formées avec des
cheveux implantés sont un peu plus chères.

La plupart des bustes de poupée sont faits de papier mâché, c'est la Saxe qui nous les fournit, et c'est d'Angleterre que nous tirons les bustes de cire. On a imaginé en France de faire des bustes de porcelaine, mais cette fabrication, négligée chez nous, a été introduite en Bavière, en Prusse et en Autriche; elle a acquis un certain développement à Cobourg, Sonnenberg et Nuremberg. Les bustes qui viennent de ces fabriques sont assez bien exécutés; la partie postérieure de la tête est coupée[1], car cette porcelaine, devant payer à l'entrée 3 fr. 80 cent. par kilogramme, on est obligé de diminuer le plus possible le poids de ces objets. Les bustes n° 4 coûtent à Cobourg 10 francs la douzaine, et la douzaine pèse à peu près deux kilogrammes; les frais de transport sont environ de 3 francs par douzaine. En France, les bons peintres sur porcelaine croiraient déroger en peignant des têtes de poupée[2], de sorte que l'on est forcé d'employer celles de Cobourg et de Sonnenberg, qui supportent un droit de douane de 75 p. o/o.

CONCLUSION.

L'*industrie de Paris* n'a pas de rivale; elle domine partout depuis près de trois siècles, elle est la première pour le goût et l'élégance, pour le dessin et la couleur. Elle donne un cachet d'originalité aux œuvres les plus riches comme aux plus communes. Ses procédés varient aussi souvent que ses modèles, et l'outillage est toujours des plus simples; c'est la main alerte et habile de l'ouvrier qui seule peut donner à toutes ces merveilleuses choses la délicatesse qui les distingue et la fraîcheur qui les embellit. Des myriades d'idées, d'inventions, de perfectionnements, qui sont éclos à Paris depuis un siècle, la plupart se rapportent à la forme; le mérite de la

---

[1] On garnit ce vide de liége, ce qui rend plus facile la pose des cheveux.

[2] On fait quelques bustes de poupée en porcelaine à Paris; ils coûtent en blanc 9 francs la douzaine, et l'on paye 12 francs pour la peinture.

façon n'est qu'accessoire. Il n'en peut être autrement. Presque tous ces objets de mode et de fantaisie ne vivent guère qu'une saison, la création de la veille est délaissée le lendemain, et il en est ainsi depuis deux siècles au moins. La Chambre de commerce de Lyon faisait la remarque en 1711 que cette industrie « est la plus difficile à regler.... par tous les chan-« gemens de forme que l'on fait en toute espece, modes ou « inuentions qui se font journellement du gout ou genie de « chaque ouurier.... » La fabrication suit toutes les évolutions de la mode.

Dans plusieurs industries, on a adopté, en les modifiant, des procédés mécaniques qui rendent le travail plus facile, plus prompt et plus correct; ces circonstances particulières font mieux juger de l'aptitude de l'ouvrier de Paris à tirer le parti le plus utile dans sa petite fabrication d'inventions appliquées dans la grande manufacture, et même de procédés qui sont du domaine scientifique.

L'industrie de Paris est fort mobile de sa nature : elle change et change sans cesse, elle avance, avance toujours; ce qu'elle était en 1851, elle ne l'est plus aujourd'hui, et « elle deuien-« droit sans fruit s'jls n'jnnouoient pas tous les jours[1]. » Elle conserve à la vérité ses grandes divisions et ses habitudes de travail; fabricants et ouvriers ont toujours l'humeur fantasque, l'esprit ouvert et curieux, le même goût, la conception vive et la main habile. Mais formes, dessins, couleurs, ne sont plus les mêmes, et dans des espaces de temps rapprochés, plusieurs petites industries languissent, puis disparaissent; d'autres naissent, s'organisent et grandissent.

Si multipliées que soient les métamorphoses des industries parisiennes, il ne serait pas difficile d'écrire leur histoire, et cette histoire offrirait certainement de l'intérêt. La différence n'est pas si grande que l'on croit entre celui qui perfectionne la machine la plus compliquée et celui qui perfectionne le

---

[1] Termes dont la Chambre de commerce de Lyon se servait en 1711, en parlant de l'industrie parisienne.

plus humble outil. Les fabrications des peignes, des parapluies, des brosses, des agrafes, etc., ont été transformées
complétement, et le souvenir n'est pas perdu des fabricants
et des ouvriers auxquels on doit le plus de progrès. On ne
sait pas assez les difficultés très-réelles que présente la confection d'une foule de petits objets sur lesquels l'attention ne
s'arrête jamais : on admire le mécanisme d'un métier à filer,
d'une presse, d'une pompe, mais l'on ne cherche pas à connaître les machines ingénieuses qui servent à fabriquer les
peignes d'ivoire, les agrafes, les boutons, les bretelles.

Constatons, en passant, l'alliance heureuse des efforts des
ouvriers de Paris et des départements; nous avons signalé
déjà les qualités des premiers; les seconds possèdent mieux,
en général, toutes les pratiques de leur métier, et, si leur main
est plus lente, elle est plus docile. Enfin, c'est particulièrement dans les industries dont nous nous occupons, que se ma-
nifestent les avantages d'une très-grande division du travail,
du morcellement des entreprises et du rapprochement dans
les mêmes quartiers d'un grand nombre d'entreprises con-
courant à l'œuvre commune. Les auteurs de la *Statistique de
l'industrie à Paris* ont présenté cette observation plusieurs
fois, elle a frappé le baron Ch. Dupin : « La même multipli-
« cité des chefs d'industrie, qui présente à nos ouvriers tant de
« chances variées d'avancement et de fortune, dit-il, est en
« même temps une des causes les plus puissantes de la supério-
« rité de l'art parisien dans son admirable variété [1]. »

Nous avons eu peu de chose à dire relativement à la comparaison des produits parisiens et des produits étrangers. Les
objets de mode et de fantaisie, ou, appelons-les de leur vrai
nom, les *articles de Paris*, sont propres à Paris. On fait en
tous pays ces mille objets dont nous avons parlé, mais on ne
les y fait, à peu d'exceptions près, que pour la demande locale.
Paris a le privilége de fabriquer toutes ces choses pour toutes
les contrées du globe, et, en respectant les habitudes de la

---

[1] *Industries comparées de Paris et de Londres,* janvier 1852, p. 43.

consommation étrangère, il donne à ses ouvrages un cachet particulier qui plaît partout.

Nous n'avons trouvé de supériorité marquée à l'étranger que pour les deux industries des nécessaires de cuir et des parapluies communs, qui appartiennent toutes les deux à Londres, et nous rencontrons en outre une concurrence sérieuse pour les cannes et les nécessaires de bois ; la première de ces fabrications est exploitée en grand à Hambourg, et la seconde à Londres.

Ce n'est pas la faute de nos fabricants s'ils ne peuvent soutenir la lutte avec les Anglais pour les parapluies communs, et avec les Allemands pour les cannes ; ils ne reçoivent pas comme eux les matières premières franches de droits, et n'achètent pas les tissus à aussi bon marché.

La fabrication des nécessaires de maroquin ou de cuir de Russie est tout à fait spéciale à l'Angleterre ; celle des nécessaires de bois y est très-ancienne, y a été toujours florissante, et il a fallu chez nous aux Aucoc et aux Audot beaucoup d'habileté pour se placer enfin sur le même rang que les Edwards et les Leuchars.

La prééminence de Paris pour toutes les autres branches d'industrie ne saurait être contestée. Les tableaux du commerce extérieur de la France montrent que des quantités considérables d'articles de Paris sont exportées pour tous les pays, les étrangers qui viennent à Paris emportent eux-mêmes les emplettes nombreuses qu'ils ont faites d'objets de parure, de luxe et de fantaisie ; on peut affirmer, sans craindre d'être taxé d'exagération, que l'exportation réelle est huit ou dix fois plus grande que ne l'indiquent les états officiels.

Les pays étrangers nous envient ces fabricants ingénieux qui prospèrent sans protection, et qui même au lendemain d'une révolution et au milieu d'une épidémie cruelle, l'Exposition de 1849 l'a prouvé, conservent une rare vigueur dans l'esprit et ne faiblissent pas dans leurs entreprises.

Nous devons citer les noms des fabricants de Paris qui ont fait à Londres honneur à la France : ils ont été tous récompensés de médailles, et nos collègues étrangers ont rendu justice au mérite de ces exposants d'élite. Il en est un parmi eux auquel le jury a décerné la plus haute distinction, la *grande médaille*[1] : MM. Audot, Aucoc, Tahan, veuve H. Schlose et frère, Laurent, pour les nécessaires, les coffrets et les articles de maroquinerie ; M. Constantin, Mmes S^ie. Perrot et Petit, Fürstenhoff, MM. Gaudet du Fresne, Harand et Chagot aîné, pour les fleurs artificielles ; MM. F. Alexandre et Duvelleroy, pour les éventails ; MM. Cazal et Charageat, pour les ombrelles et les parapluies ; Mme veuve T. Mayer, pour les cartonnages de fantaisie ; MM. Mercier et Colletta, pour les tabatières ; M. Jumeau, pour les trousseaux de poupée ; MM. Fauvelle-Délebarre et Massuë, pour les peignes ; M. Laurençot, pour les brosses ; MM. Trelon, Weldon et Weil, pour les boutons ; tous ces fabricants et bien d'autres encore ont justifié leur réputation par les produits qu'ils ont exposés.

Nous avons laissé à notre collègue M. Wolowski le plaisir de parler des fabricants de meubles et de papiers peints, dont, de concert avec lui, nous avons signalé les mérites devant le XXVIe jury et le 5e groupe[2]. Les Fourdinois, les Délicourt, les Liénard, les Barbedienne, les Kriéger, de même que les Cruchet et les Huber, ces ornemanistes de tant de goût, appartiennent aussi à la grande famille des fabricants de Paris et comptent parmi les plus éminents.

Nous serions injuste si, après avoir proclamé le succès de nos compatriotes, nous ne faisions pas mention des industriels étrangers qui rivalisent avec eux. MM. Jennens et Bettridge, Mac Cullum et Hodson, Lane, pour les ouvrages de papier mâché ; MM. Foster, Son et Duncum et les Mintorn, pour les fleurs ; MM. Edwards et Leuchars, pour les nécessaires ; M. Holland, pour les montures de parapluie ; M. H. C. Meyer, pour les cannes ; MM. W. et A. Smith, pour les tabatières

---

[1] M. Constantin.

[2] Nous étions membre titulaire du XXVIe jury.

d'Écosse; MM. Astrath et Friedrich, pour les sculptures d'écume de mer; Mme Montanari, pour les poupées, ont donné, a des degrés divers, des preuves d'habileté.

Nous sommes certain d'être approuvé en plaçant au-dessus de ces fabricants deux hommes, qui ont été nos collègues dans le XXIXe jury et qui étaient en même temps exposants.

M. J. J. Mechi est à la fois un des agriculteurs les plus avancés de la Grande-Bretagne et un des industriels les plus renommés de Londres. Il fabrique les nécessaires, les tables et les coffrets à ouvrage; son exposition dans le Palais de cristal était remplie de spécimens remarquables de la petite ébénisterie, de la coutellerie et de la tabletterie d'Angleterre. Nous préférons les nécessaires d'Audot et les coffrets de Tahan à ce que M. Mechi a exposé dans ce genre; mais c'est affaire de goût : comme travail d'ébénisterie et d'orfévrerie, comme choix de cristaux et perfection des pièces de coutellerie, il est difficile de surpasser M. Mechi; sa fabrication est importante et dirigée avec beaucoup d'intelligence. C'est sur le rapport de M. Mechi que le XXIXe jury a récompensé les fabricants de nécessaires français; ceux-ci ne pouvaient avoir un juge plus compétent et plus impartial.

MM. Thomas de la Ruë et Cie sont fabricants de papiers et de cartonnages de fantaisie, d'enveloppes de lettres, de nécessaires de bureau, de registres, de cartes à jouer, etc. Leur établissement est un des plus considérables de Londres, cinq cents ouvriers y sont employés. M. Thomas de la Ruë et son fils, M. Warren de la Ruë, tous deux membres du jury, sont des industriels de premier ordre. Le premier a imaginé le guillochis sur maroquin, la reliure de calicot gaufré, les papiers irisés, et a perfectionné l'impression en couleur et or, la gaufrure, etc. Le second, notre collègue, mécanicien[1] et chi-

---

[1] M. Warren de la Ruë et M. Edwin Hill ont inventé cette charmante machine à plier et coller les enveloppes de lettres, qui a fonctionné dans le Palais de cristal pendant la durée de l'Exposition. Comme on fait ainsi 2,700 enveloppes par heure, il ne faut, en comptant 10 heures par jour

miste, a inventé plusieurs machines ingénieuses, et l'industrie anglaise lui doit des applications utiles de procédés scientifiques. L'origine française de MM. de la Ruë se trahit dans leurs produits : il y a du goût dans les dessins de leurs papiers de fantaisie et de l'art dans les ornements de leurs cartonnages. Nous louerons surtout les soins qui sont apportés dans tous les détails de cette fabrication si variée et qui permettent d'obtenir des ouvrages d'excellente qualité et séduisants, mais d'un prix élevé.

Si nous ne consultions que la proportion numérique des récompenses, nous nous abuserions étrangement sur la valeur et les ressources des manufactures étrangères. La France a eu dans la XXIXe classe, sur quatre exposants, trois récompenses. tandis que les autres pays réunis n'en ont obtenu qu'une; c'est un résultat dont nous sommes fort heureux ; mais, si l'on en analyse les éléments, il n'a pas l'importance qu'on lui attribue.

Il y a au-dessus de ces chiffres des faits positifs : c'est que nous n'avons pas de meilleures méthodes de travail, que les matières premières les meilleures et les moins chères sont en abondance là où elles sont reçues sans droits; c'est que les fabricants étrangers ont autant d'intelligence, d'ardeur, de bonnes idées que les nôtres, et qu'ils mettent surtout un grand zèle à nous imiter, à nous égaler et à chercher à nous surpasser. Enfin l'Angleterre, l'Autriche et quelques autres États, commencent à marcher librement, non plus en élèves, mais en rivaux, dans la voie que nous avons ouverte. Nous avons dit et nous disons encore plus loin quelle est notre confiance dans l'industrie française. En demandant ses progrès à la science et ses modèles à l'art, en faisant des efforts nouveaux, elle peut rester longtemps la maîtresse pour toutes les choses de goût et d'élégance.

et 3oo jours par an de travail, que cent de ces petites machines pour faire les 7 ou 8oo millions d'enveloppes que l'on consomme chaque année en Angleterre.

Voici notre conclusion.

Nous distinguons dans les objets de parure et de fantaisie deux choses principales :

1° La façon proprement dite;

2° La forme, le dessin, la couleur.

Pour la façon, il ne faut pas se faire d'illusion : la fabrication est arrivée, dans la plupart des pays d'Europe, à un degré de perfection à peu près égal; les procédés et les tours de main, les machines et les outils sont presque les mêmes partout. Si l'on remarque, en général, plus de délicatesse et de fini dans les ouvrages parisiens, ces soins tiennent principalement à ce que l'ouvrier est intelligent et prend intérêt à son travail.

Pour la forme, le dessin et la couleur, Paris a acquis une supériorité qui est acceptée par tout le monde, si bien que l'exécution des objets de luxe est concentrée depuis plus de trois siècles dans cette ville. Nous avons fait connaître, en commençant ce rapport, notre pensée sur les causes premières de cette *précellence,* comme dit Henri Estienne; elle se conserve par l'effet d'autres causes. On retrouve encore l'influence des traditions, et l'art descend parfois de ses hauteurs pour inspirer l'industrie. Le grand mouvement de modes, de parures et de fantaisies, qui ne se ralentit jamais à Paris, entretient chez nos fabricants le goût de la nouveauté et le sentiment de l'élégance; ils ne restent pas étrangers aux études d'art et aux travaux de nos écoles de peinture et de sculpture; ils fréquentent les cours publics de science et les écoles de dessin; et les musées, comme les théâtres, ont pour eux le plus vif attrait. Enfin, l'absence de protection leur a fait sentir de temps en temps l'aiguillon de la concurrence étrangère, et les a forcés d'apporter dans la fabrication plus d'économie et d'habileté.

Si l'Exposition de 1851 nous a valu une grande victoire, elle a montré d'une manière plus saisissante à nos rivaux en industrie ce qui leur manque, et, depuis lors, on n'épargne rien en Angleterre et en Allemagne pour égaler nos progrès et nous disputer nos avantages. Quand, à la suite de la Révolution de février, des artistes, des fabricants, des ouvriers, allaient, comme après la révocation de l'édit de Nantes, chercher à Londres, à Birmingham, à Manchester, la sécurité et le travail, nous ne craignions pas l'action ou l'influence de ces émigrés, dont les efforts devaient être isolés et rester stériles. Mais voici qu'en Angleterre on ouvre partout des écoles de dessin et l'on forme des musées, voici que dans ce pays, jusqu'alors si exclusif, commence la diffusion de saines notions d'art et de goût; cela est sérieux cette fois, et nos fabricants doivent y prendre garde. Le goût, ce sentiment élevé de l'élégance des formes et de l'harmonie des couleurs, n'est ni un don de nature, ni un privilége de climat; nous devons le nôtre à la Renaissance française, à cette cour brillante de François Ier, où l'on rivalisait de grâce dans la parure et de distinction dans le luxe, où Jean Goujon et Germain Pilon travaillaient non loin du Primatice et de Benvenuto Cellini. Que nos fabricants se montrent les dignes héritiers des humbles gens de métier du seizième siècle, qui marièrent avec une heureuse hardiesse l'art et l'imagination à l'industrie. Qu'ils luttent avec énergie contre leurs rivaux de l'Angleterre, du Zollverein, de l'Autriche, de l'Espagne, rivaux déjà redoutables, qui recherchent avec tant d'habileté et de persévérance les sources de notre goût, et nous devrons, en 1855, une victoire nouvelle à ces intelligents travailleurs. Il faut aussi leur venir en aide; il faut qu'ils puissent recevoir exemptes de droits d'entrée, comme les ont les Anglais et les Allemands, les matières premières qui leur sont nécessaires, et notamment l'ivoire, la nacre de perle, l'écaille, la baleine, les plumes, les bambous, les bois exotiques, etc.

DROITS

SUR LA BALEINE, L'IVOIRE, LA NACRE ET L'ÉCAILLE.

Depuis que ce rapport est écrit, un décret du 19 août 1854 a modifié les droits sur les bambous, joncs et rotins

exotiques comme suit : Ceux qui viendront de pays hors
d'Europe par navires français seront exempts de droits; mais
ceux qui seront apportés par navires étrangers (le quart de
l'importation) payeront 44 francs par 100 kilogrammes, décime compris, c'est-à-dire 29 p. 100 de la valeur pour les
bambous et les joncs forts [1], et 73 p. 100 pour les rotins de
petit calibre [2].

Voici un aperçu des droits d'entrée que d'autres produits,
des plus utiles à l'industrie de Paris, ont à acquitter :

[1] Valeur actuelle, 1 fr. 50 cent. par kilog.
[2] Valeur actuelle, 60 centimes par kilog.

NATURE DES MARCHANDISES.	POIDS.	PAR NAVIRES		ÉTRANGERS.	OBSERVATIONS.
		FRANÇAIS.			
Fanons de baleine bruts, de pêche française.	100 kil.	0ᶠ 22ᶜ		″	Les deux tiers des fanons de baleine importés sout de pêche étrangère et apportés par des bâtiments étrangers.
Idem, de pêche étrangère.	*Idem*.	33 00		38ᶠ 50ᶜ	
		De l'Inde ou de la côte occidentale d'Afrique.	D'ailleurs.		
Dents d'éléphant, en morceaux pesant plus d'un kilogramme.	*Idem*.	27ᶠ 50ᶜ	60ᶠ 50ᶜ	77 00	La moitié des dents d'éléphant importées vient par navires étrangers.
		De l'Inde.	D'ailleurs, hors d'Europe.		
Écaille de tortue (carapaces et onglons débités en feuilles).	*Idem*.	33ᶠ00ᶜ	77ᶠ00ᶜ	165 00	Le quart vient par navires étrangers.
		De l'Inde.	D'ailleurs.		
Nacre de perle argentée, dite *franche*.	*Idem*.	11ᶠ00ᶜ	27ᶠ50ᶜ	38 50	
Nacre de perle à bords noirs, dite *bâtarde*.	*Idem*.	5 50	13 75	19 25	

Le décime est ajouté au droit principal.

RÉSUMÉ

DES TRAVAUX DU XXIX° JURY.

Les membres du XXIX° jury ont commencé leurs travaux le 17 mai 1851 et les ont terminés le 23 juillet, après y avoir consacré près de quarante séances, de six à huit heures chacune. Ils ont examiné et apprécié les produits de 795 exposants, et ont décerné 236 récompenses, savoir :

2 grandes médailles (*council medal*),

153 médailles de prix (*prize medal*),

81 mentions honorables.

Ces récompenses ont été réparties de la maière suivante :

NATIONS.	NOMBRE des EXPOSANTS de la xxix° classe.	RÉCOMPENSES ACCORDÉES AUX EXPOSANTS.			
		Grandes médailles.	Médailles de prix.	Mentions honorables.	TOTAL.
France...............	74	2	38	15	55
Grande-Bretagne.......	309	»	50	27	77
Colonies anglaises......	102	»	2	4	6
Zollverein	96	»	20	16	36
Autriche.............	45	»	11	8	19
Espagne et Portugal....	27	»	8	4	12
États-Unis d'Amérique..	20	»	6	»	6
Turquie.............	14	»	3	1	4
Russie..............	12	»	3	1	4
Belgique.....	13	»	3	2	5
États Sardes	7	»	3	1	4
Autres pays..........	76	»	6	2	8
TOTAUX........	795	2	153	81	236

La France a obtenu trois récompenses sur 4 exposants, tan-

dis que, pour tous les autres pays, la proportion n'est que
d'une récompense pour 4 exposants.

France. . . . .   74 récomp. pour 100 exposants.

Zollverein et Autriche   39

Grande-Bretagne. . .   25

Autres pays.   18

Nous donnons ci-après la répartition des exposants et des
récompenses par catégories d'industries :

DÉSIGNATION DES INDUSTRIES.	EXPOSANTS			RÉCOMPENSES.							
				Grandes médailles décernées aux Français.	Médailles de prix décernées			Mentions honorables décernées		
	français.	étrangers.	TOTAL.		aux Français	aux étrangers.	TOTAL.	aux Français	aux étrangers.	TOTAL.
A. INDUSTRIES SE RATTACHANT À LA CHIMIE.										
1. Savons, huiles essentielles et articles de parfumerie.......	14	84	98	»	7	24	31	4	15	19
2. Bougies et chandelles.................	8	56	64	1	3	17	20	3	7	10
3. Ivoire et marbre artificiels	»	1	1	»	»	1	1	»	»	»
4. Cirages et vernis...............	1	12	13	»	»	»	»	»	»	»
5. Allumettes chimiques........	1	13	14	»	»	»	»	»	»	»
6. Confiserie................	13	53	66	»	7	10	17	»	5	5
B. INDUSTRIES SE RATTACHANT À L'HISTOIRE NATURELLE.										
1. Fleurs, feuilles et fruits artificiels................	16	77	93	1	8	9	17	3	7	10
2. Taxidermie.............	»	26	26	»	»	4	4	»	1	1
C. COLLECTIONS POUR L'ENSEIGNEMENT OU L'ÉTUDE.										
1. Modèles pour l'enseignement	»	1	1	»	»	1	1	»	»	»
2. Modèles ethnographiques............	»	15	15	»	»	4	4	»	1	1
3. Collections d'échantillons de produits de l'agriculture, des mines et de l'industrie................	»	5	5	»	»	5	5	»	»	»
A REPORTER............	53	343	396	2	25	75	100	10	36	46

DÉSIGNATION DES INDUSTRIES.	EXPOSANTS			RÉCOMPENSES.						
	français.	étrangers.	TOTAL.	Grandes médailles décernées aux Français.	Médailles de prix décernées			Mentions honorables décernées		
					aux Français	aux étrangers.	TOTAL.	aux Français	aux étrangers.	TOTAL.
Report..........	53	343	396	2	25	75	100	10	36	46
D. fabrications d'objets divers pour l'usage personnel.										
1. Nécess. de voyage, de bur. ou de toil.; boîtes à ouvrage, coffrets.	6	50	56	"	4	2	6	"	5	5
2. Parapluies et ombrelles......................	3	32	35	"	2	3	5	"	2	2
3. Cannes..................................	1	45	46	"	"	5	5	1	2	3
4. Éventails et écrans à main..................	3	27	30	"	2	"	2	1	"	1
5. Pipes, objets divers faits d'ambre jaune ou d'écume de mer.	2	47	49	"	"	10	10	2	16	18
6. Tabatières...............................	2	23	25	"	2	3	5	"	"	"
E. fabrications d'objets servant à l'amusement.										
1. Jeux de paume (*cricket et tennis*).............	"	10	10	"	"	4	4	"	"	"
2. Arcs et flèches..........................	"	7	7	"	"	2	2	"	"	"
3. Instruments de pêche....................	1	25	26	"	"	2	2	1	3	4
4. Jouets et poupées; figures de cire............	3	51	54	"	3	9	12	"	2	2
F. fabrications diverses.										
Pierres à brunir, moules de confiseurs, lettres en relief, papiers et tissus de verre ou d'émeri, pap. découp., pains à cacheter, etc.	"	61	61	"	"	"	"	"	"	"
Totaux..............	74	721	795	2	38	115	153	15	66	81

LISTE DES EXPOSANTS DE TOUTES LES NATIONS
AUXQUELS LE XXIXᵉ JURY A DÉCERNÉ DES RÉCOMPENSES.

NATIONS.	VILLES.	NOMS DES EXPOSANTS.	PRODUITS EXPOSÉS.
A. INDUSTRIES SE RATTACHANT À LA CHIMIE.			
1. SAVONS, HUILES ESSENTIELLES ET ARTICLES DE PARFUMERIE (98 exposants).			
Médailles de prix.			
France	Paris	Allard et Claye	Savons de toilette; bonne fabrication.
Idem	Marseille	Arnavon (H.)	Savons de Marseille.
États-Unis	Philadelphie	Bazin (Xavier)	Savons de toilette.
Idem	New-York	Cadwell, Payson et Cⁱᵉ.	Excellent savon pouvant servir avec l'eau de mer.
Autriche	Trieste	Chiozza (C.-L.) et fils.	Savons de tout genre.
Grande-Bretagne	Londres	Cleaver (F.-S.)	Savons de toilette.
Toscane	Leghorn	Conti et fils	Savons d'huile d'olive excellents.
Grande-Bretagne	Londres	Cowan et fils	Fabrication de savons parfaite.
Villes Anséatiques.	Hambourg	Douglas (J.-F.) et fils.	Savons d'huile de coco, de suif, etc.
Prusse	Cologne, vis-à-vis la pl. Juliers	Farina (Johann-Maria).	La meilleure et véritable *Eau de Cologne* [1].
France	Paris	Gellé aîné et Cⁱᵉ	Savons de toilette faits à froid, très-mousseux.
Grande-Bretagne	Londres	Gibbs (D. et W.)	Savons de toilette, de ménage et pour les fabriques de lainages et de soieries.
Idem	*Idem*	Grossmith (John)	Huiles essentielles artificielles pour parfumer les liqueurs, bonbons, etc.
États-Unis	Philadelphie	Hauel (Jules)	Savons divers.
Grande-Bretagne	Londres	Hendrie (Robert)	Savons de toilette et parfumerie.
Idem	Dublin	Kendall et Cⁱᵉ	Savons marbrés faits à froid.
Idem	Londres	Knight (John)	Excellents savons.

[1] Il y a à Cologne une trentaine de fabricants d'*eau de Cologne* qui ont pris le nom de *Farina*; il n'y en a que cinq qui aient exposé. Celui qui a reçu la médaille de prix est l'arrière-petit-neveu et successeur de l'inventeur. Cet inventeur était un petit marchand de quincaillerie, de soieries et de parfumerie de Santa-Maria Maggioris, dans le district de Domo d'Ossola, nommé Jean-Marie Farina, qui s'est établi à Cologne vers 1709.

NATIONS.	VILLES.	NOMS DES EXPOSANTS.	PRODUITS EXPOSÉS.
France..........	Paris........	Leistner (J.-L.).....	Eau de senteur très-agréable appelée *Eau de Paris*, vinaigre aromatisé.
Prusse..........	Cologne......	Martin (Marie-Clémentine).	Eau de Cologne tout à fait supérieure.
France..........	Marseille.....	Milliau jeune........	Savon blanc de Marseille.
Idem...........	Paris	Oger...............	Savons de toilette et de ménage.
Prusse..........	Berlin.......	Palis (A.)..........	Très-bons savons de ménage.
France..........	Paris........	Piver (L.-T.)........	Savons de toilette excellents, essences et extraits parfumés, cosmétiques : produits d'une qualité supérieure.
Prusse..........	Berlin.......	Sarre jeune.........	Savons.
Russie..........	Varsovie.....	Stier..............	Savons de toilette.
États-Unis.......	Philadelphie..	Taylor (H.-P. et W.-C.).	Savons transparents très-mousseux.
Grande-Bretagne..	Londres......	Taylor et fils........	Savons parfumés, extraits et eaux de senteur, très-bien faits.
Belgique.........	Anvers	Touche-Gilles........	Savons de toilette et de ménage.
Tunis...........	Tunis.......	Le bey de Tunis......	Collection de quatre-vingt-dix espèces d'eaux de senteur ; un grand nombre d'entre elles ont un parfum très-pénétrant. Tablettes et colliers odoriférants.
Grande-Bretagne..	Londres......	Williams (John) et fils.	Savons pour l'industrie, le ménage et la toilette : très-bonne fabrication.
Prusse..........	Leignitz.....	Wunder............	Bons savons de suif et d'huile de palme.

Mentions honorables.

NATIONS.	VILLES.	NOMS DES EXPOSANTS.	PRODUITS EXPOSÉS.
France..........	Paris........	Bleuze-Hadancourt....	Savons à froid.
Australie........	Adélaïde.....	Burford.	Savon jaune.
Zollverein.......	Francfort....	Busch (P.-A.).......	Huile de Cognac rectifiée.
France..........	Paris........	Collas.............	Essences artificielles.
Espagne..	Madrid......	De Leon y Rico......	Savon d'huile d'olive.
Grande-Bretagne..	Londres......	Ede et Cie..........	Parfumerie.
Prusse..........	Cologne......	Farina (Jean-Marie)..	Eau de Cologne.
Idem...........	Idem........	Farina (Jean-Marie)..	Eau de Cologne.
Autriche.........	....	Farina (Jean-Marie)..	Eau de Cologne.
Grande-Bretagne..	Londres......	Fisher (T.-W.) et Cie.	Parfumerie.
Espagne.........	Malaga	Giro (Juan)........	Savons d'huile d'olive et de barille.

NATIONS.	VILLES.	NOMS DES EXPOSANTS.	PRODUITS EXPOSÉS.
France.	Paris.	Landon et Cie.	Vinaigre aromatisé.
Grande-Bretagne. .	Londres.	Langdale.	Essences artificielles pour parfumer les liqueurs et la confiserie.
Prusse.	Dusseldorf. . . .	Lipp (Frédéric Von). .	Eau de senteur.
Autriche.	Hermannstadt.	Melzer (D.).	Savons.
Grande-Bretagne. .	Londres.	Pears (A. et F.).	Savons transparents. (Ces exposants ont déclaré que le savon transparent a été inventé par leur père vers 1812.)
Idem.	Idem.	Rimmel et Cie.	Parfumerie.
France.	Grenoble.	Thollon	Huiles essentielles pour donner du bouquet aux vins et aux liqueurs.
Grande-Bretagne. .	Londres.	Yardley et Statham. . .	Savons de toilette.

2. BOUGIES ET CHANDELLES. (64 exposants.)

Grande médaille.

France.	Paris.	De Milly (Louis-Adolphe) [1].	Bougies stéariques (*de l'Étoile*), savon de chaux, acide stéarique, acide oléique.

Médailles de prix.

Autriche.	Vienne.	Compagnie de la stéarine d'Apollon.	Bougies stéariques dont la blancheur, la dureté et la belle lumière annoncent une fabrication très-habile.
Grande-Bretagne. .	Londres.	Barclay et fils.	Bougies de cire et de blanc de baleine excellentes.
Idem.	Idem.	Bauwens.	Savons et bougies faits avec les acides gras extraits des déchets, eaux grasses, etc., des fabriques.
Espagne.	Madrid et Gijon.	Bert (J.-J.) et Cie. . . .	Bougies d'acide stéarique et d'acide palmitique.
Hollande.	Amsterdam. . .	Brandon (N.-D.).	Très-belles bougies stéariques.
Belgique.	Heusden.	Campenhoudt (Charles Van) et Cie.	Bougies stéariques.

[1] « Considérant que M. de Milly est le premier qui ait résolu pratiquement le problème « d'appliquer les belles découvertes théoriques de M. Chevreul à la fabrication des bougies ; « qu'il a imaginé d'employer l'acide borique à la préparation des mèches de bougie ; et qu'il « a toujours aidé à l'introduction de cette nouvelle industrie dans les autres pays ; le jury « présente au conseil des présidents M. de Milly comme digne de la grande médaille. » Rapport du XXIX° jury.

NATIONS.	VILLES.	NOMS DES EXPOSANTS.	PRODUITS EXPOSÉS.
France..........	Lyon........	Dumortier et Cⁱᵉ.....	Bougies stéariques blanches, dures et d'un bon usage.
Grande-Bretagne..	Londres......	Field (J.-C. et J.)...	Acide stéarique.
Idem...........	*Idem*........	Freemann (E.)......	Belles bougies de blanc de baleine.
France..........	La Villette, près Paris.	Jaillon, Moinier et Cⁱᵉ.	Bonnes et très-blanches bougies stéariques.
Suède..........	Stockholm....	Johansson (J.)......	Les plus belles et les meilleures bougies stéariques de l'Exposition.
France..........	Neuilly, près Paris.	Masse, Tribouillet et Cⁱᵉ.	Corps gras extraits de débris animaux; acides gras produits par le procédé de la distillation; bougies belles et excellentes faites d'acide stéarique, d'acide palmitique, de paraffine, de cir-végétale, etc.
Russie..........	Saint-Pétersbourg.	Matisen et Cⁱᵉ.......	Bougies stéariques.
Grande-Bretagne..	Londres......	Miller (T.-J.).......	Perfection du raffinage du blanc de baleine.
Autriche........	Vienne.......	Compagnie des bougies de stéarine de Milly.	Bougies fabriquées par les deux procédés (la distillation et la saponification par la chaux).
Prusse..........	Berlin.......	Motard............	Acide stéaro-margarique, acides gras obtenus de l'huile de palme par la distillation; belles bougies.
Grande-Bretagne..	Londres......	O'Gleby et Cⁱᵉ.......	Bougies stéariques, les plus blanches qui aient été exposées; fabrication remarquable.
Russie..........	Odessa.......	Pitansier...........	Belles et bonnes bougies stéariques.
Grande-Bretagne..	Londres......	Compagnie des bougies brevetées de Price.	Perfectionnement des procédés de distillation des corps gras, application de ces produits à la fabrication des bougies. Beaux produits. Le XXIXᵉ jury avait demandé la grande médaille pour MM. Price et Cⁱᵉ, la décision du conseil des présidents a été négative.
Belgique........	Cureghem....	Quanonne (C. et J.)..	Bougies stéariques.
Mentions honorables.			
Grande-Bretagne..	Dublin......	Brien (C.)..........	Chandelles de suif.
France..........	Vaugirard, près Paris.	Delacretaz et Fourcade.	Bougies stéariques.

11.

NATIONS.	VILLES.	NOMS DES EXPOSANTS.	PRODUITS EXPOSÉS.
Grande-Bretagne..	Dublin......	Dixon (George)......	Chandelles de suif et d'acide stéarique mélangé.
France.........	Paris........	Donneaud et Cie......	Bougies stéariques.
Grande-Bretagne..	Londres......	Hale (W.-S.).......	Bougies à bon marché.
Danemarck......	Copenhague..	Holmblad (L.-P.)....	Bougies stéariques.
France.........	Paris........	Poisat oncle et Cie....	*Idem.*
États-Sardes.....	Turin........	Rossi et Schiaparelli..	*Idem.*
Inde...........	Cossypore....	Sainte et Cie........	*Idem.*
Russie..........	Moscou......	Sapelkin............	Bougies de cire.

3. IVOIRE ET MARBRE ARTIFICIELS (protean stone). (1 exposant.)

Médaille de prix.

NATIONS.	VILLES.	NOMS DES EXPOSANTS.	PRODUITS EXPOSÉS.
Grande-Bretagne..	Londres......	D. Staight et fils.....	Encriers, lettres en relief, plaques et poignées de porte, etc., faits de *protean stone.* Cette composition est le résultat de la déshydratation et de la rehydratation du sulfate de chaux bi-hydraté natif (brevet de Cheverton).

4. CIRAGES ET VERNIS. (13 exposants.)

5. ALLUMETTES CHIMIQUES. (14 exposants.)

6. CONFISERIE. (66 exposants.)

Médailles de prix.

NATIONS.	VILLES.	NOMS DES EXPOSANTS.	PRODUITS EXPOSÉS.
Espagne.........	Oviédo......	Alvargonzalez........	Conserves de fruits au sirop.
France..........	Paris........	Aucler (veuve) et Ledoux.	Dragées, fruits confits, sirops.
Wurtemberg.....	Biberach.....	Baur frères..........	Pastillage.
Portugal.........	Lisbonne.....	Castellar............	Excellentes conserves de fruits au sirop ou confits.
France..........	Paris........	Chevet jeune........	Conserves de fruits au sirop, les meilleures de l'exposition.
Portugal.........	Coimbre.....	Le couvent de religieuses.	Fruits confits préparés avec le plus grand soin et arrangés avec goût.
Grande-Bretagne..	Londres......	Fortnum, Mason et Cie.	Collection curieuse de conserves de fruits de différents pays. (Angleterre, France, Italie, Espagne, Portugal, Syrie, Inde, Antilles, etc.)

NATIONS.	VILLES.	NOMS DES EXPOSANTS.	PRODUITS EXPOSÉS.
États-Unis........	Cincinnati....	Louderback	Pêches de l'Ohio à l'eau-de-vie.
France.........	Paris........	Oudart fils et Boucherot.	Dragées, pralines, conserves de fruits au sirop; bonne fabrication. Dragées faites par moyens mécaniques de leur invention.
Grande-Bretagne..	Londres.	Compagnie du Chocolat de Paris.	Bonbons de chocolat[1], sirops.
France.........	Paris........	Perron	Bonbons, figurines, pralines de chocolat d'excell.te qualité.
Idem...........	Nantes.......	Philippe et Canaud.	Conserves de fruits au sirop, bien faites.
Idem...........	Bordeaux.....	Rödel et fils frères....	Idem.
Espagne........	Oviédo......	Le monastère de San-Pelayo.	Marmelades et fruits confits excellents.
France.........	Paris........	Turpin (veuve)[2]..... (Delafontaine et Dettwiller.)	Pralines et bonbons, figurines et imitations de fruits, en chocolat. Chocolat de bonne qualité (*in the highest perfection*, Rapp. du IIIᵉ jury).
Prusse	Berlin.......	Weil..............	Conserves de fruits au sirop.
Grande-Bretagne..	Glasgow.....	Wotherspoon........	Dragées, pâtes et bonbons.
Mentions honorables.			
Wurtemberg	Stuttgard....	Roth jeune.........	Bonbons à liqueur.
Grande-Bretagne..	Bethnal-Green.	Schooling..........	*Idem.*
Wurtemberg	Ulm.........	Tröglen	Pastillage.
Cap de Bonne-Espérance.	Ville du Cap..	Volsteedt	Fruits confits.
Grande-Bretagne..	Londres......	Weatherley.........	Bonbons parfumés avec des essences artificielles.

B. INDUSTRIES SE RATTACHANT À L'HISTOIRE NATURELLE.

I. FLEURS, FEUILLES ET FRUITS ARTIFICIELS. (92 exposants.)

Grande médaille.

France..........	Paris........	Constantin Marquès[3]..	Fleurs artificielles.

[1] La XXIXᵉ classe n'a examiné que la confiserie de chocolat; la IIIᵉ a jugé le chocolat en tablettes, et a récompensé six exposants français. Turpin (voir la note ci-après) et Perron, de Paris; de Sandoval et Cⁱᵉ, de Tarbes; Watrelot-Delespaul, de Lille, ont eu la médaille de prix; Choquart et Ménier et Cⁱᵉ, de Paris, la mention honorable.

[2] M. Turpin est mort le 25 décembre 1850, et Mᵐᵉ veuve Turpin a cédé le 1ᵉʳ février 1851 sa fabrique à MM. Delafontaine et Dettwiller. Ce sont donc ceux-ci qui ont exposé à Londres, et ce sont eux seuls qui ont pu être récompensés : Mᵐᵉ veuve Turpin a certifié elle-même l'exactitude de ces faits. D'accord avec M. le baron Ch. Dupin, président de la Commission française et M. W. de la Rue, rapporteur du xxixᵉ jury, nous avons restitué la médaille de prix à MM. Delafontaine et Dettwiller.

[3] Les titres de M. Constantin à la grande médaille étaient, 1° l'invention d'une prépa-

NATIONS.	VILLES.	NOMS DES EXPOSANTS.	PRODUITS EXPOSÉS.
Médailles de prix.			
Brésil	....	Adams...	Fleurs de p umes.
France..........	Paris........	Chagot aîné.........	Fleurs de parure à bon marché.
Grande-Bretagne..	Londres......	Dorvell (Élizabeth)...	Fleurs de cire.
Idem..........	*Idem*........	Foster, Son et Duncum.	Apprêts, fleurs de percale et de mousseline.
France..........	Paris........	Fürstenhoff (Emma)..	Fleurs de crêpe, mousseline, batiste.
Idem..........	*Idem*.	Gaudet du Fresne....	Feuilles.
Idem..........	*Idem*........	Harand............	Fleurs et parures.
Idem	*Idem*........	Lefort aîné.........	Apprêts et fleurs.
Grande-Bretagne..	Londres......	Lumsden (Mlle)......	Fleurs de cire.
Idem..........	*Idem*........	Mintorn (John H., Horatio, Élizabeth et Rébecca.)...... ..	*Idem.*
France..........	Paris........	Ste Perrot, Petit et Cie.	Fleurs fines, parures et plumes. Beaucoup de goût.
Grande-Bretagne..	Londres......	Randolph (Mme).....	Fleurs de plumes.
Portugal (Île de Madère.)	Funchal	Le monastère de Santa-Clara.	*Idem.*
Grande-Bretagne .	Londres......	Strickland (Maria)...	Fleurs de cire.
Idem..........	*Idem*........	Sugden , Borras et Cie.	Fleurs de tissus.
France..........	Paris........	Tilman (Mme).......	Fleurs de parure.
Mentions honorables.			
France..........	Paris........	Breteau............	Fleurs et plumes.
Autriche	Vienne.......	Bürger............	Fleurs.
Grande-Bretagne..	Londres......	Chisholme (Emma)..	Fleurs de cire.
Idem..........	*Idem*........	Ewart (Mme)........	*Idem.*
Idem..........	*Idem*........	Fisher (Joseph)......	Fleurs d'ornement.
France..........	Paris........	Florimond..........	Fleurs de parure.
Grande-Bretagne..	Londres......	Gatti (A. et C.).....	Fleurs à bon marché.
Idem..........	*Idem*........	Makepeace (Mme)....	Fleurs de cire.
France..........	Paris........	Paroissien..........	Feuilles de tissu imprégné de cire.
Portugal	Lisbonne.....	Russel (Vicente).....	Oranger artificiel.

ration des matières employées à la fabrication des fleurs de parure telle, que ces fleurs peuvent reprendre, après avoir été froissées, leur forme et leur élégance premières ; 2° l'emploi très-habile de tissus pour imiter les fleurs destinées aux collections de botanique ; 3° un degré de perfection extraordinaire dans la reproduction des plantes.

NATIONS.	VILLES.	NOMS DES EXPOSANTS.	PRODUITS EXPOSÉS.
		2. TAXIDERMIE. (26 exposants.)	
		Médailles de prix.	
Grande-Bretagne..	Camden-Town.	Bartlett (A.-D.).....	Modèle de dodo; orang-ou-tang, renards, faisans, bien empaillés.
États-Sardes......	Turin.......	Comba.............	Élan empaillé ; préparation très-bien faite.
Grande-Bretagne..	Newcastle....	Hancock...........	Groupes d'oiseaux et d'ani-maux ; travail vraiment re-marquable. (*Le faucon repu* mérite d'être cité.)
Wurtemberg.....	Stuttgard....	Ploucquet..........	Animaux empaillés; scènes et groupes.
		Mention honorable.	
Grande-Bretagne..	Douvres......	Gordon.............	Un groupe d'oiseaux empaillés.

C. COLLECTIONS POUR L'ENSEIGNEMENT OU L'ÉTUDE.

NATIONS.	VILLES.	NOMS DES EXPOSANTS.	PRODUITS EXPOSÉS.
		1. MODÈLES POUR L'ENSEIGNEMENT. (1 exposant.	
		Médaille de prix.	
Grande-Bretagne..	Londres......	Cowper (Édouard), professeur de techno-logie au Collége du Roi.	Petits modèles, à bon marché, de machines, métiers et outils, exemples : coupe des organes de la machine à vapeur (toutes les parties sont mobiles de façon à montrer le jeu de chacune d'elles), modèle de 50 cen-timètres sur 25 ; coupe d'une pompe (61 centimè-tres sur 25) ; métier à tisser les lacets ; serrure, modèle de 50 centimètres carrés ; tous ces modèles sont chacun du prix de 9 fr. 35 cent.
		2. MODÈLES ETHNOGRAPHIQUES. (15 exposants.)	
		Médailles de prix.	
Espagne.........	Malaga......	Cubero.............	Statuettes de terre cuite repré-sentant les costumes de Malaga.
Inde...........	Calcutta......	L'honorable compagnie des Indes orientales.	Collection de plus de 60 figu-rines d'argile faites à Kish-naghur et représentant les Hindous de diverses castes et professions.

NATIONS.	VILLES.	NOMS DES EXPOSANTS.	PRODUITS EXPOSÉS.
Espagne.........	Malaga......	Gutierrez de Léon....	Statuettes de terre cuite représentant des costumes d'Andalousie.
Grande-Bretagne..	Londres.....	Montanari..........	Statuettes de cire représentant des costumes et des scènes du Mexique.

Mention honorable.

NATIONS.	VILLES.	NOMS DES EXPOSANTS.	PRODUITS EXPOSÉS.
Espagne.........	Madrid......	De Aquilena........	Combat de taureaux; scène exécutée avec art et dans laquelle il y a 4,000 ou 5,000 figurines de spectateurs revêtus de costumes des diverses provinces.

3. COLLECTIONS D'ÉCHANTILLONS DE PRODUITS DE L'AGRICULTURE, DES MINES ET DE L'INDUSTRIE. (5 exposants.)

Médailles de prix.

NATIONS.	VILLES.	NOMS DES EXPOSANTS.	PRODUITS EXPOSÉS.
Grande-Bretagne..	Liverpool....	Archer (Thomas C.)..	Collection d'échantillons des matières premières étrangères (550 espèces différentes), qui ont été importées dans le port de Liverpool de 1846 à 1850. (Le catalogue est dans *Illustrated catalogue*, p. 802 à 815.)
Idem...........	Hull........	Le comité local de Hull.	Collection d'échantillons des marchandises étrangères (120 sortes différentes) qui sont importées habituellement à Hull. (*Illustrated catalogue*, p. 816.)
Inde...........	Calcutta.....	Le docteur J. Forbes Royle.	Précieuse collection de 1,100 à 1,200 substances minérales, végétales et animales, employées par les Hindous dans les arts, les métiers et la médecine. Elles ont été recueillies pour la plupart dans les bazars de la présidence du Bengale. (*Illustrated catalogue*, p. 893 à 907.)
États-Unis.......	....	Le comité de l'État de Maryland.	Collection des principaux produits de l'agriculture, des mines et des manufactures de l'État de Maryland. (Catalogue dans *Reports by the Juries*, p. 651-652.)

NATIONS.	VILLES.	NOMS DES EXPOSANTS.	PRODUITS EXPOSÉS.
Turquie.........	Constantinople	Sa Hautesse le Sultan Abd-ul-Medjid.	Collection très-intéressante de pipes, bouquins et objets d'ambre, essences et eaux de senteur, savons, confiseries, etc.

D. Fabrications d'objets divers pour l'usage personnel.

1. Nécessaires de voyage, de bureau ou de toilette; boîtes à ouvrage; coffrets.
(56 exposants.)

Médailles de prix.

NATIONS.	VILLES.	NOMS DES EXPOSANTS.	PRODUITS EXPOSÉS.
France..........	Paris........	Aucoc aîné..........	Nécessaires de voyage et de toilette, riches et élégants.
Idem............	Idem........	Audot..............	Nécessaires de voyage et de toilette, faits avec beaucoup de goût et de soin, et d'un prix modéré eu égard à l'excellence du travail.
Grande-Bretagne..	Londres......	Edwards (T.-J.).....	Nécessaires d'une exécution parfaite, mais d'un prix élevé; fabrication très-remarquable.
France..........	Paris........	Laurent............	Coffres, coffrets et boîtes bien faits.
Grande-Bretagne..	Londres......	Leuchars (William)..	Nécessaires de voyage et de toilette.
France..........	Paris........	Tahan.............	Nécessaires, coffrets, caves à liqueurs; dessins de goût, travail très-soigné, objets élégants.

Mentions honorables.

NATIONS.	VILLES.	NOMS DES EXPOSANTS.	PRODUITS EXPOSÉS.
Grande-Bretagne..	Londres......	Asprey (Charles).....	Garniture complète de bureau en malachite et bronze doré; nécessaires et coffrets.
Idem............	Dublin.......	Austin (George)......	Nécessaires.
Belgique........	Spa.........	Marin..............	Boîtes de Spa [1].
Idem............	Idem........	Misson (E. et L.)....	Idem.
Grande-Bretagne..	Londres......	Strudwick (Thomas)..	Nécessaires de voyage et de toilette.

[1] La fabrication à Spa des boîtes dites *de Spa* était exercée en 1846 par 64 fabricants et 21 ouvriers; en outre, la peinture de ces boîtes occupait 47 petits entrepreneurs et 8 ouvriers. Voici les salaires des hommes en 1846 : 14 gagnaient moins de 1 fr. 50 cent.; 10, de 1 fr. 50 cent. à 2 francs; et 1, de 2 francs à 2 fr. 50 cent.

NATIONS.	VILLES.	NOMS DES EXPOSANTS.	PRODUITS EXPOSÉS.
		2. PARAPLUIES ET OMBRELLES. (35 exposants.)	
		Médailles de prix.	
France	Paris	Cazal.	Parapluies et ombrelles élégants et d'un travail soigné; parapluie s'ouvrant seul; parapluie de voyage dont le manche peut servir de canne.
Idem	Idem	Charageat	Bonne fabrication; parapluies s'ouvrant seuls perfectionnés.
Grande-Bretagne	Birmingham	Holland (Henry)	Montures d'acier creux de forme rectangulaire; travail conduit avec intelligence.
Idem	Londres	Morland (J.) et fils	Parapluies et ombrelles bien faits et à des prix modérés; emploi de tissus d'alpaca pour la couverture des parapluies.
Idem	Idem	Sangster (William et John).	Ombrelles bien montées, mais de très-mauvais goût.
		Mentions honorables.	
Grande-Bretagne	Londres	Boss (Isaac-Abraham).	Perfectionnements des montures.
Prusse	Berlin	Wigdor	Poignées de parapluies et d'ombrelles, en corne, en os, en ivoire.
		3. CANNES. (46 exposants.)	
		Médailles de prix.	
États-Sardes		Ciaudo	Cannes de bois d'oranger et d'olivier.
Wurtemberg	Stuttgard	Hedinger	Cannes de tous genres.
Villes anséatiques	Hambourg	Meyer jeune	Collection de 500 variétés de cannes bien préparées et montées, à bon marché; baleines. M. Meyer jeune emploie 2 à 300 ouvriers.
Grande-Bretagne	Lond	Meyers (Barnett)	Cannes, manches et branches de parapluies et d'ombrelles, etc.
Prusse	Essen	Schutz (C.)	Cannes.

NATIONS.	VILLES.	NOMS DES EXPOSANTS.	PRODUITS EXPOSÉS.
Mentions honorables.			
France..........	Paris........	Bagré.............	Cannes de cornes de bélier ou d'écaille.
Gr. duché de Hesse.	Offenbach....	Frank.............	Cannes à bon marché.
Toscane........	Florence.....	Tonti.............	Cannes de corne.
4. ÉVENTAILS ET ÉCRANS À MAIN. (25 exposants.)			
Médailles de prix.			
France.........	Paris........	Alexandre (Félix)....	Éventails de luxe et feuilles peintes.
Idem...........	Idem........	Duvelleroy..........	Éventails de luxe et pour l'exportation.
Mention honorable.			
France.........	Paris........	Ducrot et Petit.......	Éventails, moules à plisser.
5. PIPES; OBJETS DIVERS FAITS D'AMBRE JAUNE OU D'ÉCUME DE MER. (49 exposants.)			
Médailles de prix.			
Autriche........	Vienne.......	Astrath (Carl).......	Fourneaux de pipe et becs de cigare en écume de mer sculptée; sculptures faites avec assez d'habileté; prix modérés.
Idem...........	Idem........	Flöge (Gerhard).....	Fourneaux de pipe et becs de cigare en écume de mer; bouquins d'ambre jaune.
Idem...........	Idem........	Friedrich (Johann)...	Idem.
Turquie........	Constantinople	Hadji Mihran-Duzoglou	Magnifiques *imaméh* ou bouquins d'ambre jaune enrichis de brillants; il y en a du prix de 7,700 francs la pièce.
Autriche........	Vienne.......	Hartmann (Ludwig)..	Bouquins d'ambre, de nacre, d'os ou de bois; tuyaux de cerisier et autres; tubes pour cigare; fourneaux de pipe en écume de mer.
Prusse..........	Dantzick.....	Hoffmann (C.-W.)...	Objets divers en ambre.
Turquie........	Constantinople	Naïm-Effendi.......	Bouquins d'ambre, tuyaux de jasmin, chibouks ornés de pierres fines.
États-Sardes......	Turin.......	Strauss (J.)........	Fourneaux de pipe d'écume de mer sculptée avec beaucoup de délicatesse.
Prusse..........	Breslau......	Winterfeld.........	Bouquins, pipes, bracelets, colliers, broches et autres objets en ambre jaune.

NATIONS.	VILLES.	NOMS DES EXPOSANTS.	PRODUITS EXPOSÉS.
Autriche.........	Vienne.......	Zeitler (Joseph)	Fourneaux de pipe et becs de cigare faits avec les rognures et déchets d'écume de mer (*massa-kopfe*).

Mentions honorables.

NATIONS.	VILLES.	NOMS DES EXPOSANTS.	PRODUITS EXPOSÉS.
Autriche.........	Vienne.......	Alba (Samuel).......	Fourneaux de pipe et tubes de cigare en écume de mer ; bouquins d'ambre.
Idem...........	*Idem*........	Beisiegel (Philippe)..	Pipes d'écume de mer, tuyaux de cerisier et d'ébène ; bouquins d'ambre.
France..........	Saint-Omer...	Duméril, Leurs fils et Cⁱᵉ.	Pipes d'argile dites de *Saint-Omer*, bien faites et à très-bon marché.
Idem...........	*Idem*........	Fiolet (Louis).......	Pipes de Saint-Omer d'une bonne fabrication et d'un prix modique.
Autriche.........	Prague.......	Grünhut jeune.......	Objets d'écume de mer sculptée.
Canada..........	Montréal....	Henderson..........	Pipes d'argile.
Prusse.	Dantzick.....	Hoffmann (G.-J.)....	Grains de collier en ambre jaune.
Idem...........	Stolpe.......	Jantzen (G.-E.)......	Colliers d'ambre jaune d'un grand prix ; objets divers en ambre.
Idem...........	Rhula (Saxe-Gotha.)	Lux frères..........	Fourneaux de pipe en écume de mer, et tuyaux de bois.
Idem	Königsberg. ..	Mannheimer (Wolff)..	Morceaux d'ambre d'une grosseur extraordinaire ; l'un, trouvé dans les puits d'ambre, pèse 2 kilogr. 725 gr. ; l'autre, trouvé sur le rivage, pèse 2 kilogrammes.
Nassau..........	Hoehr.......	Müllenbach et Thewald.	Pipes d'argile à bon marché.
Autriche.........	Theresienfeld.	Partsch jeune.......	Fourneaux de pipe en argile à bon marché.
Toscane.........	Florence....	Romoli (Luigi)......	Tuyaux de pipe en ébène.
Prusse.	Dantzick.....	Roy (W. von).......	Collection très-intéressante de toutes les variétés d'ambre.
Turquie.........	Constantinople	Saïd-Aga...........	Bouquins d'ambre ou de bois ; tuyaux de pipe.
Prusse.	Stolpe.......	Tessler (C.-L.)......	Objets divers faits d'ambre, entre autres colliers et bracelets.
Nassau..........	Hoehr.......	Wingender frères.....	Pipes de terre à bon marché (6 fr. 80 cent. le mille).
Villes anséatiques..	Hambourg....	Wöbecke (H.).......	Pipes faites avec de l'argile de Turquie.

NATIONS.	VILLES.	NOMS DES EXPOSANTS.	PRODUITS EXPOSÉS.

6. TABATIÈRES. (25 exposants.)

Médailles de prix.

NATIONS.	VILLES.	NOMS DES EXPOSANTS.	PRODUITS EXPOSÉS.
Bavière.	Ensheim.	Adt frères.	Tabatières, porte-cigares, boîtes à gants, à cigares, etc., en papier mâché, très-bien faits et à bas prix.
France.	Paris.	Colletta-Lefebvre.	Tabatières d'ivoire, d'écaille, de bois, faites avec une rare perfection.
Autriche.	Reichenau. . . .	Hofrichter (C.).	Tabatières et autres petits objets en papier mâché ; bonne fabrication, prix modique.
France.	Paris.	Mercier.	Tabatières d'ivoire, d'écaille, de bois exotiques, du travail le plus parfait, et d'un prix modéré.
Grande-Bretagne. .	Mauchline. . . .	Smith (Will. et Andr.)	Tabatières écossaises et beaucoup d'autres boîtes et objets de bois, enjolivés de carreaux écossais, remarquables par l'éclat du vernis et le fini du travail.

E. FABRICATIONS D'OBJETS SERVANT À L'AMUSEMENT.

1. JEUX DE PAUME (*cricket* et *tennis*[1]). (10 exposants.

Médailles de prix.

NATIONS.	VILLES.	NOMS DES EXPOSANTS.	PRODUITS EXPOSÉS.
Grande-Bretagne. .	Londres.	Dark (Matilda) et fils.	Objets pour le jeu de paume (*cricket*).
Idem.	Idem.	Dark (Robert).	Idem.
Idem.	Penshurst. . . .	Duke et fils	Idem.
Idem.	Woolwich. . . .	Jefferies (Isaac).	Raquettes pour le jeu de paume (*tennis*).

[1] Le jeu de paume était, en France, dès le moyen âge, un des exercices le plus en usage ; c'était le divertissement favori de Louis X, de François Ier, de Henri II, de Henri IV, de Sully, de Bassompierre, de Condé et de Turenne. On comptait à Paris, avant 1789, vingt-deux jeux de paume ; il n'y en a plus qu'un seul, celui du cercle du passage Sandrié. Le goût de cet exercice est encore très-vif, tant à Paris que dans la Picardie, l'Artois et le pays Basque. En Angleterre, le *cricket* est beaucoup plus répandu, bien qu'il n'y ait été introduit qu'au XVIIe siècle. Dans Londres et ses faubourgs, il y a une quarantaine de jeux de paume ; le plus célèbre est *Lord's ground*, qui appartient au club de Mary-le-Bone. Plusieurs petits livres ont été consacrés en Angleterre à ce jeu ; nous citerons *The cricketer's manual*, by Bat, et *The guide to cricketers*, by Lillywhite.

NATIONS.	VILLES.	NOMS DES EXPOSANTS.	PRODUITS EXPOSÉS.
		2. ARCS ET FLÈCHES. (7 exposants.)	
		Médailles de prix.	
Grande-Bretagne..	Londres......	Ainge et Aldred......	Arcs, flèches et équipements d'archer.
Idem...........	Édimbourg...	Muir (Peter)........	Arcs *girder* et *ballance* à 52 fr. 50 c. l'arc ; arcs faits de trois sortes de bois, if, palmier et orme, à 66 fr. ; d'if d'Italie, à 202 fr. Flèches *unfooted* à 22 fr. 50 c. la douzaine ; *footed* à 30 fr. la douzaine.
		3. INSTRUMENTS DE PÊCHE. (26 exposants.)	
		Médailles de prix.	
Grande-Bretagne..	Londres......	Ainge et Aldred......	Instruments de pêche faits avec beaucoup de soin et de luxe.
Idem...........	Idem........	Little et Cie........	Cannes et lignes de pêche, appâts artificiels.
		Mentions honorables.	
France..........	Paris........	Delage-Montignac.....	Lignes de pêche.
Grande-Bretagne..	Londres......	Farlow (C.).........	Ustensiles de pêche, appâts artificiels.
Idem...........	Idem........	Farlow (J.-K.)......	Instruments de pêche.
Idem...........	Idem........	Jones	Idem.
		4. JOUETS ET POUPÉES; FIGURES DE CIRE. (54 exposants.)	
		Médailles de prix.	
France..........	Paris........	Allix.............	Figures de cire pour les coiffeurs ; bustes de poupée.
Suisse..........	Genève......	Baulte	Petits objets de curiosité avec mouvements d'horlogerie, d'un travail très-délicat.
France..........	Paris........	Bontems...........	Oiseaux perchés sur des branches d'aubépine, sautillant de branche en branche, becquetant des insectes et gazouillant.
Bavière.........	Nuremberg...	Eichneb............	Jouets de fer-blanc mécaniques, notamment voitures attelées.
Autriche........	Vienne.......	Haller (veuve et gendre d')	Collection de trois cents sortes de jouets et poupées.

NATIONS.	VILLES.	NOMS DES EXPOSANTS.	PRODUITS EXPOSÉS.
France.........	Paris........	Jumeau............	Trousseaux de poupée faits avec beaucoup de goût et de soin ; poupées habillées qui portent les modes françaises à l'étranger, et offrent en même temps des modèles pour les confectionner ; fabrication conduite avec intelligence ; produits à bon marché.
Autriche.........	Vienne.......	Kietaibl............	Jouets mécaniques et automates mus par des mouvements d'horlogerie.
Grande-Bretagne..	Londres......	Mme Montanari,......	Poupées de cire d'une exécution remarquable.
Wurtemberg.....	Biberach.....	Rock et Graner.......	Jouets mécaniques et autres, de fer-blanc ou de papier mâché.
Prusse.........	Berlin.......	Söhlke.............	Jouets d'étain.
Grande-Bretagne..	Londres......	Spurin.............	Une ferme anglaise. Épisode du séjour de Gulliver dans le pays de Lilliput ; scène dans laquelle figurent un grand nombre de personnages modelés avec beaucoup d'art et d'esprit par Fleischmann de Sonnenberg.
Wurtemberg.....	Geisslingen...	Wittich, Kemmel et Cie.	Jouets d'enfant et petits ouvrages d'os ou d'ivoire, découpés avec délicatesse.

Mentions honorables.

NATIONS.	VILLES.	NOMS DES EXPOSANTS.	PRODUITS EXPOSÉS.
Grande-Bretagne..	Londres......	Bouchet............	Poupées, boîtes de jeux, jouets divers.
Acheutri........	Oberleutensdorf.	Müller et Cie........	Boîtes de jouets. Ces boîtes renferment des personnages, des animaux, des maisons, des arbres, etc., faits de bois ou de carton, en nombre suffisant pour représenter des fermes, des scènes de chasse, des ménageries, etc. Le prix est très-modique, exemple : 13 fr. pour une chasse au cerf, composée de soixante-quatre pièces.

F. FABRICATIONS DIVERSES.

LISTE DES EXPOSANTS D'ORNEMENTS DE CARTON-PIERRE

OU DE GUTTA-PERKA,

DE MEUBLES, COFFRETS, PLATEAUX, ETC., DE LAQUE OU DE PAPIER MÂCHÉ,

RÉCOMPENSÉS PAR LE XXVIe JURY.

NATIONS.	VILLES.	NOMS DES EXPOSANTS.	PRODUITS EXPOSÉS.
ORNEMENTS POUR LA DÉCORATION INTÉRIEURE, EN CARTON-PIERRE OU EN GUTTA-PERKA.			
Hors de concours.			
Grande-Bretagne..	Londres......	Jackson et fils.......	Ouvrages très-variés pour la décoration, en carton-pierre, en papier mâché, etc.; bons dessins, exécution habile. MM. Jackson et fils sont les premiers qui aient entrepris sur une grande échelle cette fabrication en Angleterre. (M. John Jackson était membre du XXVIe Jury.)
Médailles de prix.			
France..........	Paris........	Mme Bourgery.......	Tableaux faits en *composition;* des animaux ou des fruits sont en haut relief sur les premiers plans; le fond représente un paysage.
Idem............	Idem........	Cruchet (Victor).....	Groupes de nature morte, bas-reliefs, consoles, portes et lambris de salon. (Le XXVIe jury avait demandé la grande médaille pour M. Cruchet; la décision du conseil des présidents a été négative.)
Prusse..........	Berlin......	Gropius...........	Statuettes de carton-pierre...
France..........	Paris........	Huber (C.-E.).......	Frise dans le style de la Renaissance; cariatides, médaillons, chapiteaux et portes. Beaucoup de goût dans le dessin et de fini dans le travail.

MEUBLES, COFFRETS ET OBJETS DIVERS DE LAQUE OU DE PAPIER MÂCHÉ.

Médailles de prix.

NATIONS.	VILLES.	NOMS DES EXPOSANTS.	PRODUITS EXPOSÉS.
Chine.........	....	Braine.............	Paravent de laque fait à Canton.
Grande-Bretagne..	Birmingham..	Jennens et Bettridge..	Meubles, vases, plateaux, coffrets, écrans à main, de papier mâché. La fabrication est parfaite, mais les formes des meubles et les dessins des ornements sont, en général, de mauvais goût.
Idem...........	Idem........	Lane..............	Petits meubles, écrans montés sur pieds, écrans à main, plaques de portefeuille, plateaux, etc., de papier mâché. Peintures avec rehauts de nacre colorée, d'un effet pittoresque.
Hollande........	Amsterdam...	Zeegers (Frans)......	Paravent et écrans montés sur pieds. Imitations assez bien faites des laques japonais et chinois.

Mentions honorables.

NATIONS.	VILLES.	NOMS DES EXPOSANTS.	PRODUITS EXPOSÉS.
Autriche.........	Vienne.......	Becker et Kronick....	Écrans à pieds, tables, vases, paravents de papier mâché.
Grande-Bretagne..	Londres.. ...	Clay (Henry) et Cⁱᵉ...	Meubles, siéges, plateaux de papier mâché.
Idem...........	Birmingham..	Halbeard et Wellings..	Tables, plateaux, etc., de papier mâché.
Idem...........	Oxford......	Spiers et fils.........	Écrans à pieds, coffrets, plaques d'album, de portefeuille, etc., en papier mâché. Fabrication et peinture assez bonnes.
Idem...........	Wolverhampton	Walton (Frédéric) et Cⁱᵉ.	Collection de plateaux de papier mâché. Guéridon, vases, petits meubles. La qualité du papier mâché et la vernissure laissaient un peu à désirer, mais, en général, les ornements étaient dessinés avec goût et les peintures dues à des pinceaux hardis et faciles.

TABLE DES MATIÈRES.

www.ingramcontent.com/pod-product-compliance
Ingram Content Group UK Ltd.
Pitfield, Milton Keynes, MK11 3LW, UK
UKHW020247180726
13839UKWH00001B/223